JOGOS transversais
educação • ética • cidadania

Denis Mendes Bastos
www.jogostransversais.com

JOGOS transversais
educação • ética • cidadania

& Histórias para reflexão

Edições Loyola

Dados Internacionais de Catalogação na Publicação (CIP)
(Câmara Brasileira do Livro, SP, Brasil)

Bastos, Denis Mendes
    Jogos transversais e histórias para reflexão : educação : ética : cidadania / Denis Mendes Bastos. -- São Paulo : Edições Loyola, 2022. -- (Transversalidades)

    ISBN 978-65-5504-152-1

    1. Educação 2. Ética (Educação infantil) 3. Moral cristã 4. Prática de ensino 5. Temas transversais (Educação) I. Título II. Série.

22-100837   CDD-370.1

Índices para catálogo sistemático:

1. Educação : Aspectos éticos   370.1

Maria Alice Ferreira - Bibliotecária - CRB-8/7964

Preparação: Fernanda Guerriero Antunes
Capa: Viviane B. Jeronimo
    Ilustração da capa: © BNP Design Studio | Adobe Stock.
    Ilustrações do miolo: imagens cedidas pelo autor.
Diagramação: Sowai Tam
Logotipo Jogos Transversais: Antônio Maria Campanati de Souza

Edições Loyola Jesuítas
Rua 1822 nº 341 – Ipiranga
04216-000 São Paulo, SP
T 55 11 3385 8500/8501, 2063 4275
editorial@loyola.com.br
vendas@loyola.com.br
www.loyola.com.br

Todos os direitos reservados. Nenhuma parte desta obra pode ser reproduzida ou transmitida por qualquer forma e/ou quaisquer meios (eletrônico ou mecânico, incluindo fotocópia e gravação) ou arquivada em qualquer sistema ou banco de dados sem permissão escrita da Editora.

ISBN 978-65-5504-152-1

© EDIÇÕES LOYOLA, São Paulo, Brasil, 2022

Sumário

Capítulo I
INTRODUÇÃO   9

Capítulo II
A EDUCAÇÃO ÉTICO-MORAL   13

Capítulo III
OS JOGOS TRANSVERSAIS   17

Capítulo IV
HISTÓRIAS PARA REFLEXÃO   19

Capítulo V
O CASAMENTO   23

Capítulo VI
OS FRUTOS DESSA UNIÃO   25
1 As estrelas-do-mar   **25**
2 A melhor maneira   **27**
3 Uma loja diferente   **27**
4 Sujo de carvão   **28**

5 Lenda árabe **30**
6 O velho, o menino e o burro **30**
7 A carroça vazia **32**
8 O sonho **33**
9 Os gansos **34**
10 As três peneiras **35**
11 Os balões **36**
12 Questão de sabedoria **37**
13 Vaso cheio **38**
14 O ponto negro **40**
15 O sapo e a cobra **41**
16 A discussão das ferramentas **43**
17 O barbeiro **44**
18 Gandhi e o exemplo **45**
19 Corrida dos sapinhos **46**
20 Um cão especial **47**
21 O náufrago **48**
22 O vaso rachado **49**
23 Porcos-espinhos **50**
24 Um só time **51**
25 O leão e o rato **52**
26 O beija-flor e o incêndio **53**
27 A lebre e a tartaruga **54**
28 A ratoeira **55**
29 A águia invejosa **56**
30 A águia e galinha **57**
31 Construtores de pontes **59**
32 A tempestade **61**
33 A borboleta-azul **62**
34 A borboleta **63**
35 O cavalo e o poço **64**
36 A chave mágica da ética **65**
37 O eco da vida **67**
38 Os dois viajantes na macacolândia **68**
39 A gralha e os pavões **69**

40 O sabiá e o urubu **70**
41 A menina do leite **71**
42 As duas vizinhas **72**
43 O bem e o mal **74**
44 O vinho e a água **74**
45 A menina e o pássaro encantado **76**
46 Vendedores de sapatos **78**
47 A última corda **79**
48 Vencendo as dificuldades **81**
49 O escorpião e a tartaruga **81**
50 Amigos **82**
51 O lenhador e o machado **84**
52 A maior fraqueza **84**
53 O cachorro e o gato **86**
54 A bruxa boa **87**

CONSIDERAÇÕES FINAIS 89
O quebra-cabeça **89**

REFERÊNCIAS 91

Capítulo I
Introdução

> "É no problema da educação que assenta o grande segredo
> do aperfeiçoamento da humanidade."
> **Immanuel Kant**

Nos últimos anos, o que nos tem motivado a trabalhar, estudar e escrever é justamente a possibilidade de poder abordar questões concernentes à educação ético-moral, visando à formação de um cidadão capaz de atuar de forma proativa neste mundo em constante mutação. Acredito que esse seja um fator de incentivo não só para mim, mas para todos que realmente se interessam pelo poder da educação e nele acreditam. As condições do quadro geral relacionado à convivência social, notadamente, continuam as mesmas. Ainda há desigualdade, violência, criminalidade, desrespeito, injustiças, má distribuição de renda, pobreza, fome, o que faz os limites de tolerância alcançarem níveis alarmantes. Não podemos deixar de ressaltar que avanços na área social também vêm ocorrendo, entretanto não na velocidade que deveriam. Nos passa pela cabeça que muitos educadores devem estar se perguntando e refletindo sobre o que fazer para mudar essa situação. Reconhecemos que nossa contribuição pode ser pequena, mas nos recordamos da pequena história do beija-flor e o incêndio na floresta, narrada a seguir:

O BEIJA-FLOR E O INCÊNDIO NA FLORESTA

Diz a lenda que havia uma imensa floresta onde viviam milhares de animais, aves e insetos. Certo dia, uma enorme coluna de fumaça foi avistada ao longe e em pouco tempo, embaladas pelo vento, as chamas já eram visíveis por uma das copas das árvores. Os animais, assustados e diante da terrível ameaça de morrerem queimados, fugiam o mais rápido que podiam, exceto um pequeno beija-flor. Este, zunindo como uma flecha, rumava velozmente para o foco do incêndio e dava um voo quase rasante por uma das labaredas. Em seguida, voltava ligeiro em direção a um pequeno lago que ficava no centro da floresta. Incansável em sua tarefa e bastante ligeiro, ele chamou a atenção de um elefante, que com suas orelhas imensas ouviu suas idas e vindas pelo caminho. Curioso para saber por que o pequenino não procurava também se afastar do perigo, como faziam todos os outros animais, pediu-lhe gentilmente que o escutasse, ao que ele prontamente atendeu, pairando no ar a uma pequena distância do gigantesco curioso.

— Meu amiguinho, notei que tem voado várias vezes ao local do incêndio. Não percebe o perigo que está correndo? Se retardar a sua fuga, talvez não haja mais tempo de salvar a si próprio! O que você está fazendo de tão importante?

— Tem razão, senhor elefante, há mesmo um grande perigo em meio àquelas chamas. Mas acredito que, se eu conseguir levar um pouco de água até lá, estarei fazendo a minha parte para evitar que nossa mãe floresta seja destruída.

(Autor desconhecido)

Essa lição parece simples, porém complexa quando se trata de colocar em prática seus ensinamentos. Tentaremos transmitir a parte que nos cabe por meio desta obra, na qual é promovido o "casamento" dos Jogos Transversais e das histórias de caráter moral — isto é, aquelas que favorecem uma reflexão acerca de princípios, valores e normas de conduta.

Os Jogos Transversais que foram nosso primeiro empreendimento, ou nossa primeira viagem visando apagar o incêndio da floresta, vêm demonstrando ser na prática, desde 2008, um conteúdo interessante para professores e alunos. Os Temas Transversais, com seus tópicos relevantes, associados ao princípio da transversalidade, têm mexido positivamente com estruturas curriculares de muitas nações, tanto em países desenvolvidos como naqueles em desenvolvimento. As histórias referenciadas por nós procuram atingir um dos principais objetivos dos Jogos Transversais: a educação ético-moral. Essa união, por conseguinte, concretiza um somatório de forças em direção à transformação que tanto desejamos para nossos educandos. Todas as pequenas e belas histórias, como fábulas, contos, alegorias, apólogos, parábolas, lendas, mitos, poderão ser objetos de análise e reflexão para a seguinte escolha particular: qual é a melhor atitude ou conduta a ser tomada perante as demandas da vida cotidiana?

Vale ressaltar, por fim, que esta obra é fruto de um trabalho que vem sendo experimentado, na prática, com alunos do 1º ao 6º ano do Ensino Fundamental. O que não quer dizer que não possa ser adaptada para outros níveis de ensino, como a Educação Infantil, o Ensino Médio e o Ensino de Jovens e Adultos. Na verdade, já estamos preparando um projeto de livro como este para os anos finais do Ensino Fundamental.

Capítulo II
A educação ético-moral

> "Educai as crianças, para que não seja necessário punir os adultos."
> **Pitágoras**

Conforme apontado anteriormente, acreditamos que a educação ético-moral é a maior carência de nossos alunos — e do ser humano em geral. Entretanto, vejamos alguns conceitos sobre ética e moral, que para muitos têm o mesmo significado. De origens diferentes, uma grega e outra latina, respectivamente, com tradução semelhante, costumes, modo de ser, comportamento, conduta, etc.

Baptista (1998), baseando-se em Ricoeur, estabelece uma distinção entre ética e moral, afirmando que a primeira diz respeito ao que é "tido como bom", enquanto a segunda refere-se ao que "se impõem como obrigatório". A mesma autora identifica "a ética como a reflexão sobre os princípios que devem nortear a ação humana e a moral como a explicitação de regras consideradas adequadas" (BAPTISTA, 2005, 22).

Segundo os Parâmetros Curriculares Nacionais (PCN) (BRASIL, 1998, 25):

> A reflexão ética traz à luz a discussão sobre a liberdade de escolha. A ética interroga sobre a legitimidade de práticas e valores consagrados pela tradição e pelo costume. Abrange tanto a crítica das relações entre os grupos, dos grupos nas instituições e perante elas, quanto à dimensão das ações pessoais. Trata-se, portanto, de discutir o sentido ético da convivência humana nas suas relações com várias dimensões da vida social: o ambiente, a cultura, o trabalho, o consumo, a sexualidade e a saúde.

Para Lepre (2006), existem modelos de educação moral fundamentados em valores absolutos, valores relativos e educação moral baseada na construção racional e autônoma de valores. Os primeiros correspondem à imposição de valores absolutos, indiscutíveis e imutáveis, o que não contribui para a formação de cidadãos pensantes e críticos. O segundo modelo, em oposição ao primeiro, estabelece que tudo é relativo, pois valores e normas de conduta são vistos como critérios totalmente subjetivos. Já o terceiro modelo é consolidado na proposição de situações que facilitem a construção racional e autônoma por parte do educando. A autora destaca ainda que fazem parte dessa tendência autores como Piaget (1930/1932), Kohlberg (1992), Puig (1994), Buxarrais (1997), entre outros.

Vale destacar que valores, para Cabanas (1996), são as respostas dadas à seguinte indagação: "O que me obriga a ser bom?". Pois é a ética que nos permite buscar critérios para resolver essa questão. Lalande (1999), por sua vez, em seu *Vocabulário técnico e crítico da Filosofia*, afirma que valor é uma característica das coisas que consiste em serem elas, mais ou menos estimadas ou desejadas por um sujeito ou, mais comumente, por um grupo de sujeitos determinados. Esse é um significado subjetivo.

Para Coll (2000), aprender um valor significa ser capaz de regular o próprio comportamento de acordo com o princípio estipulado por esse valor. Esse tipo de aprendizagem, focada na dimensão atitudinal dos conteúdos, é um dos grandes desafios deste milênio. De acordo com Darido e Rangel (2005), na dimensão atitudinal, podem ser vivenciadas e discutidas, entre outras: a cooperação, a solidariedade, a inclusão, a relação de gênero, a ética, a pluralidade cultural e a resolução de conflitos. Ressaltam ainda que essa dimensão dos conteúdos, apesar de presente em sala, acontece quase sempre sem a intervenção do professor, e utilizá-la como objetivo de aula pode ser considerado um ponto importante do trabalho docente.

Na LDB 5.692/71, a Educação Moral e Cívica foi definida como componente curricular. Em 1996, quando da aprovação da nova LDB 9.394/96, essa disciplina foi substituída por um princípio teórico chamado Temas Transversais, inspirado no Sistema Educacional Espanhol e que passou a vigorar em 1997. A partir de então, educadores que pretendessem desenvolver um trabalho numa dimensão ética, visando à formação do cidadão do século XXI, passaram a contar com uma proposta mais coerente com esses objetivos, pois a anterior não vinha atendendo às novas exigências de uma educação integral.

De acordo com Araújo (2003b, 107), os Temas Transversais vêm a ser:

> As temáticas específicas relacionadas à vida cotidiana da comunidade, à vida das pessoas, suas necessidades e seus interesses. Assim, são temas que objetivam a educação em valores, que tentam responder aos problemas sociais e conectar a escola com

a vida das pessoas. Tais temas não são novas disciplinas curriculares, e sim áreas de conhecimento que perpassam os campos disciplinares.

Criamos os Jogos Transversais com o objetivo de desenvolver um trabalho que atingisse essa dimensão do ser humano, isto é, a educação em valores definidos anteriormente.

Capítulo III
Os jogos transversais

"Não eduques as crianças nas várias disciplinas recorrendo à força, mas como se fosse um jogo, para que também possas observar melhor qual a disposição natural de cada um."
Platão

O jogo é um conteúdo privilegiado da Educação Física escolar e também, de forma geral, da área educacional, que nos permite possibilidades imensas, pois é muito apreciado pelas crianças, o que acaba por potencializar qualquer tipo de ensino que se proponha a aproveitar da sua ludicidade — um dos atributos essenciais dos jogos.

Em *Jogos Transversais: educação, ética e cidadania*, nosso primeiro livro, exploramos o universo dos jogos e dos Temas Transversais. Da união desses dois tópicos surgiram os Jogos Transversais, que, segundo Bastos (2014), são jogos educacionais que buscam valorizar e potencializar a capacidade de questionar, debater, refletir sobre os temas sociais relevantes, ou seja, situações de aprendizagem que garantem aos alunos o desenvolvimento das competências necessárias à construção progressiva de conhecimentos, habilidades e valores, exigências básicas para uma atuação pautada por princípios da ética democrática.

Reconhecemos que nosso foco sempre foi a dimensão ética do ser humano. Quando os primeiros jogos surgiram, em 2008, na Vila Olímpica Clara Nunes, ainda não tínhamos essa convicção. Entretanto, ao adentrarmos no estudo da Transversalidade e seus temas relevantes, percebemos o porquê de tanta atração e simpatia. No livro supracitado, abordamos como poderíamos desenvolver, por intermédio de jogos, os Temas Transversais de Ética, Saúde, Meio Ambiente, Pluralidade Cultural, Orientação Sexual, Trabalho e Consumo e Educação no Trânsito.

Hoje já criamos, recriamos e adaptamos mais de 700 jogos e permanecemos desenvolvendo novos jogos e os colocando em prática, pois acreditamos que teoria e prática devem sempre andar juntas. Também estamos nos preparando para novos desafios, como este trabalho, sobre o qual discorremos agora.

Faremos uma revisão da metodologia de aplicação dos Jogos Transversais, pois será importante identificarmos onde entram as histórias. Bastos (2014) destaca que este não é um roteiro ou caminho fechado que deva ser seguido rigidamente para atingir seus objetivos, porém o estabelece como um exemplo de experiência que vem dando resultado. Metodologia que pode e deve ser questionada, ampliada e até modificada conforme Bastos (2014, 33):

> Inicialmente, como parte primeira de cada aula, como primeira etapa e de fundamental importância para o sucesso dos Jogos Transversais, a contextualização do Tema Transversal a ser abordado. Essa contextualização se refere a criar um ambiente favorável para o desenvolvimento da aula e dos jogos. Dividindo-a em três partes, a constatação, o enriquecimento e a estimulação. A constatação é a etapa que visa detectar que grau de conhecimento os alunos possuem sobre o tema a ser abordado. Ela se dá através de perguntas básicas, relacionados ao tema (Ex. Tema: Ética; perguntas: Quem sabe dizer o que é ética? Alguém poderia dar um exemplo?). A segunda parte é o enriquecimento através da utilização de um material de apoio. Esta parte pode se dar sob diversas formas, ou seja, através da leitura de um pequeno texto, de uma reportagem, uma música, uma fábula, um caso, um velho ditado, um poema, um provérbio, ou até mesmo uma pequena frase, que esteja relacionado ao tema ou à reflexão proposta pelo jogo. Pode se dar também através da exibição de uma imagem, foto ou um simples desenho. A terceira parte, que é a estimulação, ocorrerá exclusivamente pela prática dos Jogos Transversais, visando sempre à segurança e possibilitando a inclusão de todos. A segunda e última etapa é a reflexão, que acontecerá após cada jogo e/ou ao final da aula, preferencialmente, nos momentos de recuperação e descanso, buscando fazer uma ligação do tema com o jogo e a realidade individual e social, ou seja, com a vida de seus praticantes, buscando sempre que possível propor mudanças para melhorar as condições existentes, tanto endógenas, quanto exógenas. É neste momento que serão confrontados os valores definidos no texto constitucional e os valores que cada aluno traz consigo, para que, a partir desse confronto, possa eleger os próprios valores. Destaca ainda que, após a reflexão, se teria então, como resultado, as propostas ou sugestões direcionadas para as resoluções dos problemas sociais apresentados ou de apontamentos sobre qual a melhor conduta, comportamento e/ou atitude a ser adotada ante a questão exposta no momento e no contexto histórico-cultural atual.

No capítulo V, a utilização didático-metodológica das histórias para reflexão será mais bem desenvolvida.

Capítulo IV
Histórias para reflexão

"Tudo tem origem nos sonhos. Primeiro sonhamos, depois fazemos."
Monteiro Lobato

Na área educacional, podemos nos utilizar de diversos meios para atingirmos nossos fins pedagógicos. Em nosso caso particular, faremos uso dos Jogos Transversais, unidos às histórias que nos possam proporcionar uma reflexão ética acerca dos valores contidos em nossa sociedade. No capítulo seguinte, destacaremos como será feito esse "casamento".

Muitos autores enfatizam o potencial das histórias, contidas principalmente na literatura infantil. Para Belinky (2010), a criança sem literatura não se desenvolve tanto quanto pode. Os livros trazem estética, ética, psicologia, filosofia. Isso porque a leitura literária contribui para a imaginação e criatividade da criança. Sobre isso, ressalta-se que:

> É através de uma história que se pode descobrir outros lugares, outros tempos, outros jeitos de agir e de ser, outras regras, outra ética, outra ótica [...] É ficar sabendo história, filosofia, direito, política, sociologia etc. Sem precisar saber o nome disso e muito menos achar que tem cara de aula (ABRAMOVICH, 1997, 17).

Dentre as histórias das quais faremos uso, temos: fábulas, contos, apólogos, alegorias, parábolas, mitos, lendas. Buscamos dar prioridades a essas pequenas narrativas, as de curta duração, mais concisas, pois, como veremos mais adiante, elas serão proferidas ou lidas antes de um Jogo Transversal, ou seja, antes de uma atividade prática, que geralmente está sendo aguardada com muita ansiedade, devido ao fato de estar dentro da expectativa dos alunos em uma aula de Educação Física.

A fábula, por exemplo, é um gênero específico de história que foi adotado, em tempos remotos, para transmitir ensinamentos morais. Por essa razão, faremos uma breve introdução a esse tipo de narrativa.

Foi por intermédio de Esopo, no século VI a.C., na Grécia antiga, que o gênero se tornou conhecido.

Segundo Carvalho e Mendonça (2006, 51):

> A fábula é uma narrativa curta, que apresenta, via de regra, uma moralidade ao final: essa moralidade, em última análise, é um provérbio, uma máxima reveladora de uma visão estática de mundo, que expressa o senso comum. De modo geral, as personagens são animais que assumem comportamento humano, revelando questões relacionadas às relações éticas, políticas ou questões de comportamento.

Outros autores se destacaram como fabulistas, tais como: o escravo romano Caio Júlio Fedro (15 a.C.-50 d.C.), admirador e imitador de Esopo; Jean de La Fontaine (1621-1695), o mais importante da era moderna e o primeiro comprometido com narrativas para crianças; o grande Monteiro Lobato (1882-1948), que em seu livro *Fábulas* reconta, em prosa brasileira moderna, algumas das fábulas antigas de Esopo, Fedro e La Fontaine, além de apresentar algumas de própria autoria.

O gênero fábula sofreu algumas críticas por trazer o ensinamento moral já pronto, ou seja, não permitindo outras interpretações e posicionamentos diferentes. A história terminava com os dizeres "moral da história", a qual era então revelada. Em razão do exposto, antes de expor tais textos a crianças, jovens ou adultos, recomendamos fazer uma seleção e adaptação adequada para que a atividade não se torne sermão e a fim de que não perca toda a fantasia da narrativa.

Ao longo dos tempos, outras histórias não pertencentes ao gênero fábula também foram utilizadas com a finalidade de transmitir ensinamentos morais. Estas também serão objeto de estudo e trabalho de nossa proposta, pois buscamos as narrativas que favorecem a reflexão, o debate, uma discussão perante os princípios ético-morais definidos em nossa constituição, além do conjunto central de valores da ética, estabelecidos nos Temas Transversais, a saber: o respeito mútuo, a solidariedade, a justiça e o diálogo.

Para Carvalho (1987), literatura é arte e a arte é essencialmente moralizadora. A literatura desperta os bons sentimentos; logo, aperfeiçoa a conduta. De acordo com a autora, as finalidades morais da literatura infantil são as seguintes:
  a) Imprimir na criança o entusiasmo pelas boas ações e os sentimentos;
  b) Despertar na criança o amor pelas coisas do espírito, a admiração pelos justos e pelos bons;

c) Estimular o sentido da verdade, da bondade, do amor ao próximo, do altruísmo, da compreensão humana;
d) Conduzir a criança à nobreza de caráter, por meio de exemplos de personagens;
e) Ressaltar o respeito e o amor à Pátria, aos pais, à família e a seu semelhante;
f) Exaltar na criança a admiração pela natureza e o amor pelo seu criador;
g) Cultivar nela todos os valores morais e espirituais que a boa leitura inspira.

Carvalho (1987) ressalta, ainda, que uma história é moralizadora quando desperta valores positivos. Se ela é uma obra de arte, não é necessário defender o bem e o belo, nem atacar ou punir o vício ou a maldade. A criança poderá até perder o interesse pela história, se esta lhe for imposta, cheia de ensinamentos, sobre o certo e o errado; a literatura deverá contribuir no processo educacional, de educar, entreter, instruir e despertar valores de forma lúdica.

Capítulo V
O casamento

> "Unir-se é um bom começo, manter a união é um progresso
> e trabalhar em conjunto é a vitória."
> **Henry Ford**

Diante do exposto no capítulo III, agora indicaremos o que melhor se encaixa às histórias para reflexão, que é a segunda parte da primeira etapa da metodologia dos Jogos Transversais. Traduzindo, seria o "enriquecimento" que faz parte da "contextualização", ou seja, buscaremos o enriquecimento de nossa aula com o auxílio de fábulas, contos, alegorias, parábolas, lindas histórias que possam nos facultar primeiro um encantamento e, em seguida, a tão desejada reflexão. Sobre esse encantamento, destaca-se que:

> Contar histórias é recuperar o encantamento, é estabelecer afeto entre quem conta e quem ouve histórias. É brilhar o olho, o olho no olho. Contar é encantar, é prazer, é ludismo. Ouvir histórias é se deixar encantar, se deixar conduzir para o mundo da magia, da fantasia, do faz de conta, do sonhar... (ESTABEL; MORO, 2009).

As histórias poderão ser lidas pelo professor, mediador, dinamizador, por algum aluno, ou também podem ser contadas, sem o suporte do texto escrito. Cada caso apresenta suas vantagens e desvantagens. O ideal é que favoreça atingir o objetivo a que se propõe. Precisamos também estudar a história antes de ser contada. Para Coelho (2006), estudar uma história é, em primeiro lugar, divertir-se com ela, captar a mensagem que nela está implícita e, em seguida, após algumas leituras, identificar os seus elementos essenciais, isto é, que constituem a sua estrutura.

Conforme Mallmann (2011):

Quando existe um momento de reflexão posterior à contação da história, isso proporciona à criança um entendimento mais pleno no universo da história. Assim a história passa a contribuir de forma mais significativa e prazerosa para a criança, possibilitando estimular a imaginação, a criação de novas ideias, além de provocar emoções como a alegria. E ainda permite o desenvolvimento do seu senso crítico e reflexivo (p. 22).

Especificamente sobre a reflexão, destacamos que ela poderá ocorrer tanto após a história contada e após o Jogo Transversal, como na metodologia, conforme já definido anteriormente. Ressaltamos também que há em cada Jogo Transversal uma reflexão específica, mas que não devemos nos prender só a ela, e sim oferecermos outros questionamentos. Essas reflexões também devem ser ajustadas à linguagem e ao nível de desenvolvimento sociocognitivo da faixa etária trabalhada. Lembramos ainda que a reflexão poderá ser substituída pela seguinte pergunta: "Que ensinamento podemos tirar da história narrada?".

Para Oliveira (2007), ao organizar um ambiente pedagógico, no qual haja o trabalho com o processo de construção da moralidade, visando à construção de uma moral autônoma, por meio de textos da Literatura Infantil, o educador deve favorecer as trocas de pontos de vista entre crianças, auxiliando-as a aprofundarem suas reflexões, ao mesmo tempo que trabalham seus sentimentos e emoções, valorizando suas ideias e as dos colegas. Isso favorece o escutar e o argumentar, calcados no respeito mútuo, estimulando o desenvolvimento da autonomia, do respeito ao próximo e às diferenças individuais. Ou seja, desencadear uma discussão moral, assim como a organização de uma ação pedagógica, por meio do julgamento das ações das personagens, propicia um ambiente adequado para o trabalho com o processo de formação da cidadania.

Já para Menin (2002), se quisermos educar para a autonomia (adoção consciente e consentida de valores), não é possível obtê-la por coação. Em outras palavras, se pretendemos formar alunos capazes de refletir sobre os valores existentes, que optam por tornar a vida social mais justa e feliz para a maioria dos indivíduos ao seu redor, e que são críticos em relação aos contravalores, é preciso que a escola crie situações em que essas escolhas, reflexões e críticas sejam solicitadas e possíveis de serem realizadas.

Em resumo, verificamos a importância que a reflexão traz para o desenvolvimento ético-moral dos futuros cidadãos.

Já com relação ao "casamento", isto é, a união dos Jogos Transversais com as histórias, ele nos parece ser um tanto quanto promissor. As narrativas referenciadas são histórias que podem ser usadas no processo ensino-aprendizagem tanto de crianças quanto de jovens e adultos, realizando as devidas adequações.

Vejamos, então, na prática como essa união pode ocorrer.

Capítulo VI
Os frutos dessa união

"Você pode descobrir mais sobre uma pessoa em uma hora de brincadeira do que em um ano de conversa."
Platão

1 – AS ESTRELAS-DO-MAR

Havia um homem que morava numa bela praia, junto a uma colônia de pescadores. Num dos seus passeios matinais, ele viu um jovem jogando de volta ao oceano as estrelas-do-mar que estavam na areia.
— Por que você faz isso? — perguntou o homem.
— Porque a maré está baixa, e elas vão morrer.
— Meu jovem, existe milhares de quilômetros de praia por este mundo e centenas de milhares de estrelas-do-mar espalhadas pela areia. Que diferença você pode fazer?
O jovem pegou mais uma estrela e atirou-a no oceano. Depois, virou-se para o homem respondendo:
— Para esta, eu fiz uma grande diferença.

(Autor desconhecido)

JT 1 (3º ao 5º ano)

- MATERIAL: Isopor ou outro material leve, que não ofereça riscos à integridade física dos participantes, para confecção das estrelas-do-mar. Evitar extremidades pontiagudas.
- ESPAÇO: Quadra ou área ampla.
- ESQUEMA INICIAL: Formar dois grupos, que deverão permanecer separados por uma linha demarcatória no chão. Cada área deverá conter, no chão, o mesmo número de estrelas.
- DESENVOLVIMENTO: Ao sinal de iniciar, os alunos de cada grupo deverão pegar as estrelas e jogá-las, do seu lado para o outro lado. Ao final do tempo, definido anteriormente, contar-se-ão as estrelas de cada lado. Vence o grupo que tiver menos estrelas.
- VARIAÇÃO: Desenhar um círculo no campo de cada equipe. As estrelas que caírem nesse local não poderão ser retiradas.
- REFLEXÃO: Por que algumas pessoas não fazem a parte que lhes cabe como cidadão? Fazemos a nossa parte?

2 – A MELHOR MANEIRA

Esta história vem da China. Havia grande quantidade de arroz cozido no centro de um círculo formado por homens famintos. Eles não podiam se aproximar do alimento, mas tinham palitos de dois a três metros de comprimento. Os homens podiam pegar o arroz com os palitos, mas era impossível levar o alimento até a boca, pois os palitos eram longos demais. Cada um pensou numa maneira de se salvar, mas não foi possível. Assim, um por um foi ficando fraco e morrendo de fome.

Outro grupo de homens passou pela mesma experiência, mas a atitude deles foi bem diferente. Com sabedoria e espírito solidário, em vez de levarem o palito à própria boca, eles serviram o arroz uns aos outros. Dessa forma, numa imensa comunhão fraterna, mataram sua fome e sobreviveram.

(Autor desconhecido)

JT 2 (3º ao 5º ano)

- MATERIAL: Uma bola.
- ESPAÇO: Quadra ou área ampla.
- ESQUEMA INICIAL: A turma ou grupo deverá se espalhar pelo espaço escolhido.
- DESENVOLVIMENTO: A turma ou grupo receberá o desafio de passar a bola por todos os integrantes do grupo, sem que as mãos e os pés encostem no objeto. Caso isso aconteça, a tarefa deverá ser reiniciada. Poderá haver ajuda de outros colegas sem que façam o uso das mãos.
- VARIAÇÃO: Estabelecer um tempo para o cumprimento da tarefa.
- REFLEXÃO: A solidariedade é importante para nossa vida? Por quê?

3 – UMA LOJA DIFERENTE

Entrei numa loja e vi um senhor no balcão. Maravilhado com a beleza do local, perguntei:

— Senhor, o que vendes aqui?

— Todos os dons de Deus.

— E custa muito caro?

— Não custa nada, aqui tudo é de graça!

Contemplei a loja e vi que havia jarros de amor, vidros de fé, pratos de esperança, caixinha de salvação, muita sabedoria, saúde, fardos de perdão, pacotes grandes de paz e muitos outros dons de Deus. Tomei coragem e pedi:

— Por favor, quero o maior jarro de amor de Deus, todos os fardos de perdão, um vidro grande de fé, muita saúde, esperança, bastante felicidade e salvação eterna para mim e para toda a minha família.

O senhor, então, preparou tudo e entregou-me um pequenino embrulho que cabia na palma da minha mão.

Incrédulo, eu questionei:

— Como é possível estar aqui tudo o que eu pedi?

Sorrindo, o senhor me respondeu:

— Meu querido irmão, aqui na loja de Deus não vendemos frutos, só as sementes.

Plante as sementes! Cultive os frutos no coração e distribua-os ao próximo.

(Autor desconhecido)

JT 3 (3º ao 5º ano)

- MATERIAL: Sementes diversas (arroz, feijão, milho etc.).
- ESPAÇO: Quadra ou área ampla.
- ESQUEMA INICIAL: Espalhar e esconder sementes no espaço disponível. Os participantes deverão ficar distantes dos esconderijos das sementes.
- DESENVOLVIMENTO: Ao sinal de início, o grupo deverá trazer, durante 2 minutos, por exemplo, uma quantidade preestabelecida de sementes.
- VARIAÇÃO: Dividir o grupo em duas equipes para competirem entre si.
- REFLEXÃO: Nós "colhemos" aquilo que "plantamos" em nossa vida?

4 – SUJO DE CARVÃO

O menino chega a sua casa bufando de raiva de um colega da escola, que o humilhou na frente de seus amigos. Em vão seu pai tenta acalmá-lo. Percebendo, então, que ele precisa "botar pra fora" sua raiva, o pai propõe-lhe uma forma alternativa de vingança:

— Vê aquela camiseta branca no varal, filho? Pois bem, imagine que aquela camiseta é o menino que o aborreceu. Pegue aqui neste saco alguns pedaços de carvão e atire-os bem no peito dele. Vamos ver quantas vezes você é capaz de acertá-lo, até que sua raiva passe.

A coisa toda lhe pareceu boba, mas ele aceitou, afinal de contas, seu pai estava do seu lado.

O garoto errou algumas, acertou outras, mas atirou até a última pedra de carvão que havia no saco. No fim, o pai perguntou-lhe:

— E aí, filhão, como se sente?

— Cansado — disse ele sorrindo. — Mas, em compensação, olha só como ficou a camiseta!

O pai, então, convidou-o a entrar e o colocou diante de um espelho. O menino levou um susto ao ver o quanto havia ficado sujo ao manusear o carvão.

— Assim é a vingança filho. Você sempre acabará ficando sujo enquanto estiver atacando a pessoa que odeia. Perdoar é melhor!

(Autor desconhecido)

JT 4 (1º e 2º ano)

- MATERIAL: Farinha de trigo e água.
- ESPAÇO: Quadra ou área adaptada.
- ESQUEMA INICIAL: Distribuir farinha e água para os alunos. Posicioná-los atrás de uma linha e afixar um alvo a uma determinada distância.
- DESENVOLVIMENTO: Após o sinal para iniciar, os alunos deverão confeccionar uma bola com o material distribuído e tentar acertar o alvo, durante o tempo de um minuto.
- VARIAÇÃO: Jogar apenas com a mão trocada.
- REFLEXÃO: No lugar do menino, você se vingaria do colega da escola ou o perdoaria? Por quê?

5 – LENDA ÁRABE

Diz uma lenda árabe que dois amigos viajavam pelo deserto. Em um determinado ponto da viagem, eles discutiram e um deu uma bofetada no outro. Este, ofendido e sem nada que pudesse fazer, escreveu na areia:

Hoje meu melhor amigo me deu uma bofetada no rosto.

Seguiram adiante e chegaram a um oásis, onde resolveram banhar-se.

O que havia sido esbofeteado e magoado começou a afogar-se, sendo salvo pelo amigo. Ao recuperar-se, pegou um canivete e escreveu em uma pedra:

Hoje meu melhor amigo salvou minha vida.

Intrigado, o amigo perguntou:

— Por que, depois que te magoei, escreveste na areia e, agora, escreves na pedra?

Sorrindo, o outro respondeu:

— Quando um grande amigo nos ofende, devemos escrever onde o vento do esquecimento e o perdão se encarreguem de apagar a lembrança. Por outro lado, quando nos acontece algo de grandioso, devemos gravá-lo na pedra da memória e do coração, onde vento nenhum em todo o mundo poderá sequer borrar.

(Autor desconhecido)

JT 5 (3º ao 5º ano)

- MATERIAL: Uma bola para jogar de "queimada" e caneta hidrográfica.
- ESPAÇO: Quadra ou área ampla.
- ESQUEMA INICIAL: Escrever nas mãos dos participantes, aleatoriamente, as letras *P* (de pedra) e *A* (de areia). Um participante deverá ser escolhido para começar com a bola.
- DESENVOLVIMENTO: Ao sinal de início, o participante com a bola tentará acertar os demais. Quem for "queimado" e tiver a letra *P*, deverá pegar a bola e "queimar" outro participante. Quem for "queimado" e tiver a marca *A*, deverá perdoar; a bola, então, continua com aquele que a jogou anteriormente.
- VARIAÇÃO: Inverter as funções de *A* e *P*, ou seja, *A* poderá queimar e *P* poderá perdoar.
- REFLEXÃO: O perdão das ofensas é uma atitude que pode nos fazer bem?

6 – O VELHO, O MENINO E O BURRO

Um homem ia com o filho levar um burro para vender no mercado.

— O que tem na cabeça para conduzir um burro estrada afora sem nada no lombo enquanto você se cansa? — indagou um rapaz que passou por eles.

Ouvindo aquilo, o homem montou o filho no burro, e os três continuaram seu caminho.

— Ô rapazinho preguiçoso, que vergonha deixar o seu pobre pai, um velho, ir a pé enquanto você vai montado! — comentou outro indivíduo com quem cruzaram.

O homem tirou o filho de cima do burro e montou ele mesmo.

Passaram duas mulheres por eles e uma disse para a outra:

— Olhe só que sujeito egoísta! Vai no burro e o filhinho a pé, coitado...

Ouvindo aquilo, o homem fez o menino montar no burro na frente dele. O primeiro viajante que apareceu na estrada perguntou ao homem:

— Esse burro é seu?

O homem disse que sim. O outro continuou:

— Pois não parece, pelo jeito como o senhor trata o bicho. Ora, o senhor é que devia carregar o burro em lugar de fazer com que ele carregasse duas pessoas.

Na mesma hora o homem amarrou as pernas do burro num pau, e lá se foram pai e filho aos tropeções carregando o animal para o mercado. Quando lá chegaram, todo mundo riu tanto que o homem, enfurecido, jogou o burro no rio, pegou o filho pelo braço e voltou para casa.

(Esopo)

JT 6 (3º ao 5º ano)

- MATERIAL: Um apito.
- ESPAÇO: Quadra ou área ampla.
- ESQUEMA INICIAL: Agrupar participantes, em trios, de mesmo peso corporal, aproximadamente.

- DESENVOLVIMENTO: Após o comando de iniciar, um dos participantes deverá conduzir seu companheiro do trio, nas costas, pelo espaço disponível. O terceiro deverá ajudar na segurança do transporte. Ao sinal de apito, dever-se-á trocar as funções dentro do trio, até que todos tenham passado pelas três: carregar, ser carregado e auxiliar na condução.
- VARIAÇÃO: O trio deverá fazer o transporte na "cadeirinha humana".
- REFLEXÃO: Devemos fazer tudo que as pessoas esperam de nós? Por quê?

7 – A CARROÇA VAZIA

Certa manhã, meu pai, muito sábio, convidou-me a dar um passeio no bosque e eu aceitei com prazer. Ele se deteve numa clareira e depois de um pequeno silêncio me perguntou:

— Além do cantar dos pássaros, você está ouvindo mais alguma coisa?

Apurei os ouvidos alguns segundos e respondi:

— Estou ouvindo um barulho de carroça.

— Isso mesmo — disse meu pai —, e uma carroça vazia.

— Como pode saber que a carroça está vazia — eu lhe perguntei —, se ainda não a vimos?

— Ora — respondeu meu pai —, é muito fácil saber que uma carroça está vazia por causa do barulho. Quanto mais vazia a carroça, maior é o barulho que faz.

(Autor desconhecido)

JT 7 (3º ao 5º ano)

- MATERIAL: Nenhum.
- ESPAÇO: Quadra, sala ou pequena área.
- ESQUEMA INICIAL: Um participante deverá ser escolhido para tapar os olhos. Os demais poderão ficar sentados a uma pequena distância.
- DESENVOLVIMENTO: Ao sinal de início, um dos participantes deverá falar para que aquele que está com o olho tapado descubra quem é. Caso ele descubra, dever-se-á trocar as funções. Caso não descubra, dever-se-á escolher outro participante para falar. O escolhido terá três chances para adivinhar.
- VARIAÇÃO: Colocar as mãos nos ouvidos para adivinhar o que o colega está falando.
- REFLEXÃO: Podemos dizer que pessoas que falam demais e de forma muito barulhenta são vazias por dentro? Por quê?

8 – O SONHO

Uma sábia e conhecida lenda árabe diz que, certa feita, um sultão sonhou que havia perdido todos os dentes. Logo que despertou, mandou chamar um adivinho para que interpretasse o seu sonho.

— Que desgraça, senhor! — exclamou o adivinho. — Cada dente caído representa a perda de um parente de vossa majestade.

— Mas que insolente — gritou o sultão enfurecido. — Como te atreves a dizer-me semelhante coisa? Fora daqui.

Chamou os guardas e ordenou que lhe dessem cem açoites. Mandou, então, que trouxessem outro adivinho, para quem contou sobre o sonho.

Este, após ouvir o sultão com atenção, disse-lhe:

— Excelso senhor. Grande felicidade vos está reservada. O sonho significa que haveis de sobreviver a todos os vossos parentes.

A fisionomia do sultão iluminou-se num sorriso e ele mandou dar cem moedas de ouro ao segundo adivinho. E quando este saía do palácio, um dos cortesãos falou-lhe admirado:

— Não é possível. A interpretação que fez foi a mesma que o seu colega havia feito. Não entendo por que ao primeiro ele pagou com cem açoites e a ti com cem moedas de ouro.

— Lembra-te, meu amigo — respondeu o adivinho —, de que tudo depende da maneira de dizer...

(Autor desconhecido)

JT 8 (3º ao 5º ano)

- MATERIAL: Nenhum.
- ESPAÇO: Quadra ou área ampla.
- ESQUEMA INICIAL: Agrupar participantes, em trios, de mesmo peso corporal, aproximadamente. Dois participantes deverão se posicionar frente a frente; o outro, entre os dois primeiros.
- DESENVOLVIMENTO: Ao sinal de início, o participante do meio deverá, sem tirar os pés do lugar, deixar seu corpo cair, como um pêndulo, para a frente ou para trás, de forma que seja amparado pelo companheiro do trio. Este deverá, então, jogá-lo para o outro participante à sua frente.
- VARIAÇÃO: Os dois participantes do trio que ficam posicionados nas pontas deverão permanecer de costas e virar quando o participante central falar "já". Antes, porém, o participante do centro deverá deixar seu corpo cair para a frente ou para trás.
- REFLEXÃO: Devemos ter cuidados especiais ao dialogarmos com as pessoas? Por quê?

9 – OS GANSOS

Quando os gansos selvagens voam em formação "V", eles o fazem a uma velocidade 70% maior do que se estivessem sozinhos. Eles trabalham em equipe. Quando o ganso que estiver no ápice do "V" se cansa, ele passa para trás da formação e outro se adianta a fim de assumir a ponta. Eles partilham a liderança. Quando algum ganso diminui a velocidade, os que vão atrás grasnam encorajando os que estão à frente. Eles são amigos. Quando um deles, por doença ou fraqueza, sai de formação, outro, no mínimo, se junta a ele, passando a ajudá-lo e protegê-lo. Eles são solidários.

Sendo parte de uma equipe, nós podemos produzir muito mais e mais rapidamente.

(Autor desconhecido)

JT 9 (1º e 2º ano)

- MATERIAL: Um apito e giz.
- ESPAÇO: Quadra ou área ampla.
- ESQUEMA INICIAL: Os participantes deverão adotar uma formação em "V" na posição de pé parado. Desenhar as marcas no chão.

- DESENVOLVIMENTO: Após um silvo de apito, os participantes batem "asas". Após dois silvos de apito, eles batem asas e gritam imitando gansos. Após três silvos de apitos, trocam de lugar, inclusive o líder.
- VARIAÇÃO: Realizar a atividade em deslocamento.
- REFLEXÃO: Trabalhar em equipe é melhor que trabalhar sozinho? Por quê?

10 – AS TRÊS PENEIRAS

Um homem procurou um sábio e disse-lhe:

— Preciso contar-lhe algo sobre alguém! Você não imagina o que me falaram a respeito de...

Nem chegou a terminar a frase, quando Sócrates ergueu os olhos do livro que lia e perguntou:

— Espere um pouco. O que vai me contar já passou pelo crivo das três peneiras?

— Peneiras? Que peneiras?

— Sim. A primeira é a da verdade. Você tem certeza de que o que vai me contar é absolutamente verdadeiro?

— Não. Como posso saber? O que sei foi o que me contaram!

— Então, suas palavras já vazaram pela primeira peneira. Vamos então para a segunda peneira: a bondade. O que vai me contar, gostaria que os outros também dissessem a seu respeito?

— Não! Absolutamente, não!

— Então, suas palavras vazaram, também, pela segunda peneira. Vamos agora para a terceira peneira: a necessidade. Você acha mesmo necessário contar-me esse fato, ou mesmo passá-lo adiante? Resolve alguma coisa? Ajuda alguém? Melhora alguma coisa?

— Não... Passando pelo crivo das três peneiras, compreendi que nada me resta do que iria contar. E o sábio sorrindo concluiu:

— Se passar pelas três peneiras, conte! Tanto eu quanto você e os outros vamos nos beneficiar. Caso contrário, esqueça e enterre tudo. Será uma fofoca a menos para envenenar o ambiente e fomentar a discórdia entre as pessoas.

(Sócrates)

JT 10 (3º ao 5º ano)

- MATERIAL: Giz.
- ESPAÇO: Quadra ou área ampla.

- ESQUEMA INICIAL: Três participantes serão escolhidos para representarem as "três peneiras", que ficarão sobre linhas paralelas a uma distância de 10, 20 e 30 metros da trave da quadra, cujo o objetivo é impedir a passagem dos demais participantes.
- DESENVOLVIMENTO: Ao sinal de início, os demais participantes deverão tentar atravessar a quadra, de uma trave a outra, sem serem pegos pelas peneiras da verdade, utilidade e bondade. Quem for pego, deverá integrar a peneira. As peneiras só poderão se deslocar em cima da linha.
- VARIAÇÃO: Os integrantes das peneiras deverão ficar de mãos dadas.
- REFLEXÃO: Por que devemos "peneirar" o que vamos falar?

11 – OS BALÕES

Era uma vez um velho homem que vendia balões numa quermesse.

Evidentemente, ele era um bom vendedor, pois deixara um balão vermelho soltar-se e elevar-se nos ares, atraindo, desse modo, uma multidão de jovens compradores de balões.

Havia ali perto um menino negro. Estava observando o vendedor e, é claro apreciando os balões.

Depois de ter soltado o balão vermelho, o homem soltou um azul, depois um amarelo e, finalmente, um branco.

Todos foram subindo até sumirem de vista.

O menino, de olhar atento, seguia a cada um. Ficava imaginando mil coisas...

Algo, porém, o aborrecia: o homem não soltava o balão preto. Então, aproximou-se do vendedor e lhe perguntou:

— Moço, se o senhor soltasse o balão preto, ele subiria tanto quanto os outros?

O vendedor de balões sorriu compreensivamente para o menino, arrebentou a linha que prendia o balão preto e enquanto ele se elevava nos ares disse:

— Não é a cor, filho, é o que está dentro dele que o faz subir.

(Autor desconhecido)

JT 11 (3º ao 5º ano)

- MATERIAL: Balões coloridos.
- ESPAÇO: Quadra ou área ampla.
- ESQUEMA INICIAL: Participantes livremente no espaço, cada um segurando um balão.
- DESENVOLVIMENTO: Ao sinal de início, os participantes deverão manter os balões no ar sem deixar que caiam no chão. Ao comando de trocar, deverão trocar de cor de balões, ou seja, quem estava sustentando um azul deverá sustentar um amarelo, por exemplo. Caso alguém deixe o balão cair, deverá realizar uma tarefa extra e retornar para o jogo.
- VARIAÇÃO: Sustentar o balão no ar com a mão contrária.
- REFLEXÃO: Por que algumas pessoas demonstram preconceito racial?

12 – QUESTÃO DE SABEDORIA

Dois discípulos procuraram um mestre para saber a diferença entre Conhecimento e Sabedoria. O mestre disse-lhes:

— Amanhã, bem cedo, coloquem dentro dos sapatos vinte grãos de feijão, dez em cada pé. Vocês subam, em seguida, a montanha que se encontra junto a esta aldeia, até o ponto mais elevado, com os grãos dentro dos sapatos.

No dia seguinte, os jovens discípulos começaram a subir o monte.

Lá pela metade, um deles estava padecendo de grande sofrimento: seus pés doíam e ele reclamava muito. O outro subia naturalmente a montanha.

Quando eles chegaram ao topo, um estava com o semblante marcado pela dor; o outro, sorridente.

Então, o que mais sofreu durante a subida perguntou ao colega:
— Como você conseguiu realizar a tarefa do mestre com alegria, enquanto para mim foi uma verdadeira tortura?
O companheiro respondeu:
— Meu caro colega, ontem à noite cozinhei os vinte grãos de feijão.
...
É comum que se confunda Conhecimento com Sabedoria, mas estas são coisas bem diferentes.

Se prestarmos atenção, podemos verificar que a diferença é clara e visível. O Conhecimento é o somatório das informações que adquirimos, é a base daquilo que chamamos de Cultura. Podemos adquirir Conhecimento sem sequer vivermos uma experiência fora dos livros e das aulas teóricas, sem sair da reclusão de uma biblioteca. Já a Sabedoria, por outro lado, é o reflexo da vivência, na prática, quer pela experimentação, quer pela observação e utilização dos conhecimentos previamente adquiridos. Para ser "sábio" é preciso viver, experimentar, ousar, ponderar, amar, respeitar, ver e ouvir a própria vida.

É preciso buscar, sim, o conhecimento, a informação. Deve-se atentar para não se tornar alguém fechado em si mesmo e no próprio processo de aprendizado. Fazer isso é o mesmo que iniciar uma viagem e se encantar tanto com a estrada a ponto de esquecer para onde se está indo. E isso não parece ser uma atitude muito sábia.

(Autor desconhecido)

JT 12 (3º ao 5º ano)

- MATERIAL: Bolinhas de papel para representar os feijões.
- ESPAÇO: Quadra ou área ampla.
- ESQUEMA INICIAL: Participantes alinhados, lado a lado, sobre uma linha e com "feijões" colocados dentro dos calçados.
- DESENVOLVIMENTO: Ao sinal de início, os alunos deverão se deslocar imitando diversos animais de cada vez, até uma distância determinada. (Ex.: Imitando sapo, canguru, formiga etc.)
- VARIAÇÃO: Realizar uma corrida de marcha atlética.
- REFLEXÃO: O que é a sabedoria?

13 – VASO CHEIO

Um consultor, especialista em gestão do tempo, quis surpreender a assistência numa conferência. Tirou de debaixo da mesa um frasco grande de boca larga.

Colocou-o em cima da mesa, junto a uma bandeja com Pedras do tamanho de um punho, e perguntou:

— Quantas pedras pensam que cabem neste frasco?

Depois de os presentes fazerem suas conjecturas, encheu-o de pedras até que nada mais coubesse nele. E aí perguntou:

— Está cheio?

Todos olharam para o frasco e assentiram que sim.

Então, ele tirou de debaixo da mesa um saco com gravilha (pedrinhas pequenas, menores que a brita). Colocou parte da gravilha dentro do frasco e agitou-o. As pedrinhas penetraram pelos espaços deixados pelas pedras grandes.

O consultor sorriu com ironia e repetiu:

— Está cheio?

Desta vez os ouvintes duvidaram:

— Talvez não — responderam.

— Muito bem! — disse ele, e pousou na mesa um saco com areia que começou a despejar no frasco.

A areia infiltrava-se nos pequenos buracos, deixados pelas pedras e pela gravilha.

— Está cheio? — perguntou de novo.

— Não! — exclamaram os presentes.

Então, o consultor pegou uma jarra com água e começou a derramar para dentro do frasco, que absorvia o líquido sem transbordar.

— Bom, o que acabamos de demonstrar? — quis saber.

Um ouvinte mais afoito arriscou:

— Que não importa o quão cheia está a nossa agenda; se quisermos, sempre conseguimos fazer com que caibam mais compromissos.

— Não! — concluiu o especialista. — O que esta lição nos ensina é que se não colocarem as pedras grandes primeiro, nunca poderão colocá-las depois...

(Autor desconhecido)

JT 13 (3º ao 5º ano)

- MATERIAL: Palavras em quantidade igual ao número de participantes de cada grupo, escritas em papelões ou outro material rígido (pedra grande, pedra média, pedra pequena, areia e água), além de dois recipientes para que essas palavras sejam depositadas.
- ESPAÇO: Quadra ou área ampla.
- ESQUEMA INICIAL: Participantes divididos em dois grupos e em fila. À frente de cada fila, a mesma quantidade de palavras. A uma determinada distância, os dois recipientes para colocarem as palavras.

- DESENVOLVIMENTO: Como num jogo de estafeta, ao sinal de início, cada participante do grupo deverá se deslocar com uma palavra e colocá-la no recipiente. O vencedor será o grupo que depositar as palavras na ordem descrita na história.
- VARIAÇÃO: Colocar um ou mais obstáculos no caminho.
- REFLEXÃO: O que você entendeu da história?

14 – O PONTO NEGRO

Certo dia, um professor entrou na sala de aula e pediu aos alunos que se preparassem para uma prova-relâmpago. Todos se assustaram com o teste que viria.

O professor entregou, então, a folha com a prova virada para baixo, como era de costume... Quando puderam ver, para surpresa de todos, não havia uma só pergunta ou texto, apenas um ponto negro no meio da folha.

O professor, analisando a expressão de surpresa de todos, disse:

— Agora vocês vão escrever um texto sobre o que estão vendo.

Confusos, os alunos começaram a difícil tarefa. Terminado o tempo, o professor recolheu as folhas, colocou-se na frente da turma e passou a ler as redações em voz alta.

Todas, sem exceção, definiram o ponto negro tentando dar explicações por sua presença no centro da folha.

Por fim, com a sala em silêncio, ele disse:

— Este teste não será para nota, apenas serve de aprendizado para todos nós. Ninguém falou sobre a folha em branco. Todos focaram as suas atenções no ponto negro. Assim acontece em nossa vida. Temos uma folha em branco inteira para observar, aproveitar, mas sempre nos centralizamos nos pontos negros. Temos motivos para comemorar sempre a natureza que se renova, os amigos que se fazem presentes, o emprego que nos permite o sustento, os milagres que diariamente presenciamos.

No entanto, insistimos em olhar apenas para o ponto negro. O problema de saúde que nos preocupa, a falta de dinheiro, o relacionamento difícil com um familiar, a decepção com um amigo.

Os pontos negros são mínimos, em comparação com tudo aquilo que temos diariamente, mas são eles que povoam nossa mente.

(Autor desconhecido)

JT 14 (3º ao 5º ano)

- MATERIAL: Pequenos papéis brancos, alguns com pontos negros, outros não.

- ESPAÇO: Quadra ou área ampla.
- ESQUEMA INICIAL: Dividir o grupo em cinco equipes. Os papéis deverão ser escondidos no espaço disponível.
- DESENVOLVIMENTO: Ao sinal de início, as equipes deverão encontrar os papéis escondidos. Cada papel encontrado sem ponto negro vale cinco pontos. Cada papel encontrado com ponto negro vale dez pontos.
- VARIAÇÃO: Dividir o grupo em duas equipes, cada uma das quais esconde os papéis para a outra encontrar.
- REFLEXÃO: Por que é tão difícil enxergarmos a coisas boas que nos acontecem na vida?

15 – O SAPO E A COBRA

Era uma vez um sapinho que encontrou um bicho comprido, fino, brilhante e colorido deitado no caminho.

— Alô! Que é que você está fazendo estirada na estrada?

— Estou me esquentando aqui no sol. Sou uma cobrinha, e você?

— Um sapo. Vamos brincar?

E eles brincaram no mato a manhã toda.

— Vou ensinar você a pular.

E eles pularam a tarde toda pela estrada.

— Vou ensinar você a subir na árvore se enroscando e deslizando pelo tronco.

Eles subiram. Ficaram com fome e foram embora, cada um para sua casa, prometendo se encontrar no dia seguinte.

— Obrigada por me ensinar a pular.

— Obrigado por me ensinar a subir na árvore.

Em casa, o sapinho mostrou à mãe que sabia rastejar.

— Quem ensinou isso para você?

— A cobra, minha amiga.

— Você não sabe que a família Cobra não é gente boa? Eles têm veneno. Você está proibido de brincar com cobras. E também de se rastejar por aí. Não fica bem.

Em casa, a cobrinha mostrou à mãe que sabia pular.

— Quem ensinou isso para você?

— O sapo, meu amigo.

Que besteira! Você não sabe que a gente nunca se deu bem com a família Sapo? Da próxima vez, agarre o sapo e... Bom apetite! E pare de pular. Nós, cobras, não fazemos isso.

No dia seguinte, cada um ficou na sua.

— Acho que não posso rastejar com você hoje.

A cobrinha olhou, lembrou do conselho da mãe e pensou: *Se ele chegar perto, eu pulo e o devoro.*

Mas lembrou-se da alegria da véspera e dos pulos que aprendeu com o sapinho.

Suspirou e deslizou para o mato.

Daquele dia em diante, o sapinho e a cobrinha não brincaram mais juntos.

Mas ficavam sempre no sol, pensando no único dia em que foram amigos.

(Autor desconhecido)

JT 15 (1º e 2º ano)

- MATERIAL: Nenhum.
- ESPAÇO: Quadra ou área ampla.
- ESQUEMA INICIAL: Formar duas filas de frente uma para outra (fila das cobras e fila dos sapos).
- DESENVOLVIMENTO: Ao comando de "BRINCAR", cada sapo deverá encontrar uma cobra para brincar. Ao comando de "TROCAR", dever-se-á trocar de par. Ao comando de "MAMÃE TÁ VINDO", cada um retorna ao lugar na fila.
- VARIAÇÃO: Trocar de função: quem era sapo vira cobra.
- REFLEXÃO: O que essa história nos ensina?

16 – A DISCUSSÃO DAS FERRAMENTAS

Conta-se que certa vez uma estranha assembleia foi realizada em uma carpintaria. Foi uma reunião das ferramentas para que resolvessem as suas diferenças. O martelo assumiu a presidência da reunião, com arrogância. Entretanto, logo foi exigido que ele renunciasse. O motivo? É que ele fazia ruído demais. Passava o tempo todo golpeando, batendo. Não havia quem aguentasse. O martelo aceitou sua culpa, mas exigiu que também fosse retirado da assembleia o parafuso. É que ele precisava dar muitas voltas para servir para alguma coisa. Com isso, se perdia tempo precioso. O parafuso aceitou se retirar, desde que a lixa igualmente fosse expulsa. Era muito áspera em seu tratamento. E, além do mais, vivia tendo atritos com os demais. A lixa se levantou e apontou os defeitos do metro. Ele igualmente deveria sair do local, porque sempre ficava medindo os demais conforme a sua medida. Por acaso, ele estava achando que era o único perfeito? Enquanto assim discutiam, entrou o carpinteiro. Colocou o avental e iniciou, feliz, o seu trabalho. Tomou a madeira e usou o martelo, o parafuso, a lixa e o metro. Depois de algumas horas, a madeira grossa e rude do início tinha se transformado em um lindo móvel. Ele contemplou a sua obra, elogiou e saiu da carpintaria. Bastou fechar a porta, para que as ferramentas retomassem a discussão. Contudo, o serrote falou calmamente:

— Senhores, foi demonstrado que todos temos defeitos. Mas também pudemos observar, nas últimas horas, que todos temos qualidades. Foi exatamente com as nossas qualidades que o carpinteiro trabalhou e conseguiu criar uma obra de arte, um móvel muito bem-acabado. Então, todos concordaram que o martelo era forte, o parafuso unia e dava força, a lixa era especial para afinar e limar a aspereza. O metro era preciso, exato em suas medidas. Sentiram-se como uma equipe capaz de produzir móveis de qualidade. Sentiram-se felizes com seus pontos fortes e por trabalharem juntos.

(Autor desconhecido)

JT 16 (3° ao 5° ano)

- MATERIAL: Dois conjuntos de coletes de futsal, cada um com as palavras *martelo*, *lixa*, *metro*, *parafuso* e *carpinteiro* gafradas.
- ESPAÇO: Quadra ou área ampla.
- ESQUEMA INICIAL: Formar dois times da carpintaria para um jogo de futsal.
- DESENVOLVIMENTO: Um jogo de futsal em que só valerá o gol se a bola for tocada por todas as "ferramentas".
- VARIAÇÃO: Meninos × meninas; time misto × time misto.
- REFLEXÃO: O que é mais importante, o individual ou o coletivo?

17 – O BARBEIRO

Um homem, como de costume, foi ao barbeiro cortar o cabelo e fazer a barba.

Posto que eram conhecidos, o barbeiro e o cliente, enquanto o serviço era executado eles conversavam sobre diversos assuntos, até que o barbeiro comentou:

— Deus não existe!

O cliente, surpreso, perguntou:

— Como é que é? Deus não existe?

E o barbeiro argumentou:

— Isso mesmo que você ouviu. Deus não existe! Vejo todos os dias na televisão crianças passando fome, vivendo na miséria, políticos roubando impunemente, inocentes morrendo de maneira bárbara e tantas outras coisas revoltantes. Você acha que se Deus existisse ele permitiria tanta injustiça? Deus não existe!

O cliente ouviu tudo muito atento.

Enfim, o corte ficou pronto e a barba estava feita. O cliente levantou-se, pagou a conta e saiu refletindo sobre tudo o que houvera escutado do barbeiro, até que se deparou com um mendigo na esquina, sentado no chão com os cabelos embaraçados, batendo nos ombros e com a barba enorme ainda por fazer. Vendo isso, voltou na mesma hora a barbearia e afirmou:

— Barbeiros não existem!

O barbeiro não entendeu, mas o cliente reafirmou:

— Barbeiros não existem!

— Como não existem? Eu estou aqui, sou barbeiro. Você deve estar ficando doido, como você diz pra mim que eu não existo? Sou um barbeiro.

Então, o cliente explicou:

— Chegando à esquina, vi um homem com os cabelos grandes e embaraçados e com a barba por fazer. Se barbeiro existisse, ele não estaria assim.

— Ah, eu existo, sim! O problema e que ele nunca veio até aqui cortar o cabelo e fazer a barba.

— Pois é — disse então o cliente. — Deus também existe, o problema é que as pessoas não vão até ele, por isso sofrem. Deus está sempre de portas abertas todos os dias aguardando que a gente resolva arrumar nossa vida.

(Autor desconhecido)

JT 17 (3º ao 5º ano)

- MATERIAL: Nenhum.
- ESPAÇO: Quadra ou área ampla.
- ESQUEMA INICIAL: Participantes dispostos livremente no espaço.

- DESENVOLVIMENTO: O dinamizador do jogo pedirá para que os participantes tragam coisas feitas pelo homem e coisas não feitas pelo homem, alternadamente, de tamanhos, cores, texturas e tipos diferentes.
- VARIAÇÃO: Selecionar, como dinamizador, um participante do jogo.
- REFLEXÃO: O que não foi feito pelo homem, foi feito por quem?

18 – GANDHI E O EXEMPLO

Uma mãe levou seu filho ao Mahatma Gandhi e implorou:
— Por favor, Mahatma, peça ao meu filho para não comer açúcar.
Gandhi, depois de uma pausa, pediu:
— Traga-me seu filho daqui a duas semanas.
Duas semanas depois, ela voltou com o filho. Gandhi olhou bem fundo nos olhos do garoto e disse:
— Não coma açúcar.
Agradecida — mas perplexa —, a mulher perguntou:
— Por que me pediu duas semanas? Podia ter dito a mesma coisa antes.
E Gandhi respondeu:
— Há duas semanas atrás, eu ainda estava comendo açúcar.

(Autor desconhecido)

JT 18 (3º ao 5º ano)

- MATERIAL: Nenhum.
- ESPAÇO: Quadra ou área ampla.
- ESQUEMA INICIAL: Participantes dispostos livremente no espaço.
- DESENVOLVIMENTO: O dinamizador do jogo deverá demonstrar um exercício de ginástica para que todo o grupo siga o seu exemplo, realizando de cinco a dez repetições. Em seguida, escolher um participante para exemplificar outro exercício diferente. Continuar até que todos os voluntários demonstrem um exercício de suas preferências.
- VARIAÇÃO: Determinar qual músculo deverá ser exercitado (bíceps, tríceps, quadríceps etc.).
- REFLEXÃO: Os exemplos são mais "fortes" que as palavras?

19 – CORRIDA DOS SAPINHOS

Era uma vez uma corrida de sapinhos. Eles tinham de subir uma grande torre. Atrás havia uma multidão, muita gente que vibrava com eles.

Começou a competição.

A multidão dizia:

— Não vão conseguir, não vão conseguir!

Os sapinhos iam desistindo um a um, menos um deles, que permanecia subindo.

E a multidão continuava a aclamar:

— Vocês não vão conseguir. Vocês não vão conseguir!

E os sapinhos iam desistindo, menos um, que subia tranquilo, sem esforços.

Ao final da competição, todos os sapinhos desistiram, menos aquele.

Todos queriam saber o que aconteceu. Quando foram perguntar ao sapinho como conseguiu chegar até o fim, descobriram que ele era SURDO.

(Autor desconhecido)

JT 19 (1º e 2º ano)

- MATERIAL: Nenhum.
- ESPAÇO: Quadra ou área ampla.
- ESQUEMA INICIAL: Todos os participantes deverão ficar alinhados lado a lado para uma corrida especial, a "corrida do sapo surdo". Para isso, deverão agachar e tapar os ouvidos com as mãos.
- DESENVOLVIMENTO: A cada braço levantado por parte do dinamizador do jogo, os participantes deverão dar um salto em direção ao destino definido.
- VARIAÇÃO: Se o dinamizador levantou o braço direito, saltar para a frente; se o dinamizador levantou braço esquerdo, saltar para o lado.
- REFLEXÃO: O que essa história nos ensina?

20 – UM CÃO ESPECIAL

Diante de uma vitrine atrativa, um menino perguntou o preço dos filhotes à venda.

— Entre 30 e 50 dólares — respondeu o dono da loja.

O menino puxou uns trocados do bolso e disse:

— Eu só tenho 2,37 dólares, mas posso ver os filhotes?

O dono da loja sorriu e chamou Lady, que veio correndo, seguida de cinco bolinhas de pelo. Um dos cachorrinhos vinha mais atrás, mancando de forma visível. Imediatamente, o menino apontou aquele cachorrinho e indagou:

— O que há com ele?

O dono da loja explicou que o veterinário, após o examinar, descobrira que o animalzinho tinha um problema na junta do quadril, o que o faria sempre mancar e andar devagar.

O menino se animou e disse:

— Esse é o cachorrinho que eu quero comprar.

O dono da loja respondeu:

— Não, você não vai querer comprar esse. Se realmente quiser ficar com ele, eu lhe dou de presente.

O menino ficou transtornado e, olhando bem nos olhos do dono da loja, com o seu dedo apontado, afirmou:

— Eu não quero que você o dê para mim. Aquele cachorrinho vale tanto quanto qualquer um dos outros e eu vou pagar tudo. Na verdade, eu lhe dou 2,37 dólares agora, e 50 centavos por mês, até completar o preço total.

O dono da loja contestou:

— Você não pode querer realmente comprar este cachorrinho. Ele nunca vai poder correr, pular e brincar com você e com os outros cachorrinhos.

Então, o menino abaixou-se e puxou a perna esquerda da calça para cima, mostrando a sua perna com um aparelho para andar. Olhou bem para o dono da loja e respondeu:

— Bom, eu também não corro muito bem e o cachorrinho vai precisar de alguém que entenda isso.

(Autor desconhecido)

JT 20 (3º ao 5º ano)

- MATERIAL: Bola de basquetebol.
- ESPAÇO: Quadra.
- ESQUEMA INICIAL: Duas equipes posicionadas, em fila, para o arremesso à cesta.
- DESENVOLVIMENTO: Cada participante realizará um arremesso, alternando as equipes. Durante a partida, poder-se-á usar uma das mãos.
- VARIAÇÃO: Jogar com a mão contrária.
- REFLEXÃO: É importante respeitarmos as diferenças? Por quê?

21 – O NÁUFRAGO

Após um naufrágio, o único sobrevivente agradeceu a Deus por estar vivo, tendo conseguido se agarrar a parte dos destroços para poder ficar boiando. Esse único sobrevivente foi parar em uma pequena ilha desabitada, fora de qualquer rota de navegação, e ele agradeceu novamente.

Com muita dificuldade, montou um pequeno abrigo, para que pudesse se proteger do sol, da chuva, dos animais. E, como sempre, agradeceu.

Nos dias seguintes a cada alimento que conseguia caçar ou colher, ele agradecia. No entanto, um dia, quando voltava da busca por alimentos, uma forte chuva caiu sobre a ilha e um raio atingiu o seu abrigo, deixando-o em chamas, envolto em altas nuvens de fumaça.

Terrivelmente desesperado, ele se revoltou e gritou:

— O pior aconteceu! Perdi tudo! Deus, por que fizeste isso comigo?

Chorou e blasfemou tanto, que adormeceu, profundamente cansado.

No dia seguinte bem cedo, foi despertado pelo som de um navio que se aproximava.

— Viemos resgatá-lo! — disseram.

— Como souberam que eu estava aqui?

— Nós vimos o seu sinal de fumaça!

(Autor desconhecido)

JT 21 (3º ao 5º ano)

- MATERIAL: Jornais.
- ESPAÇO: Quadra ou área ampla.
- ESQUEMA INICIAL: Um participante será escolhido para ser o tubarão. Os demais participantes do jogo deverão, cada um, estar sobre um pedaço de jornal, os quais têm de ficar espalhados pelo chão.
- DESENVOLVIMENTO: Ao sinal de início, o tubarão poderá pegar quem não estiver em cima do jornal, pois este representa o bote de salvamento. Quem for pego deverá pagar uma tarefa e retornar ao jogo.
- VARIAÇÃO: A tarefa para quem for pego deverá ser beber um pouco de água e retornar.
- REFLEXÃO: O que é Deus?

22 – O VASO RACHADO

Um carregador de água na Índia levava dois potes grandes, ambos pendurados em cada ponta de uma vara, a qual ele mantinha atravessada sobre seus ombros. Um dos potes tinha uma rachadura e comportava água apenas pela metade, enquanto o outro era perfeito e sempre chegava cheio de água no fim da longa jornada entre o poço e a casa do chefe.

Foi assim por dois anos, diariamente, o carregador entregando um pote e meio de água na casa de seu chefe. Claro, o pote perfeito estava orgulhoso de suas realizações. O pote rachado, por sua vez, estava envergonhado de sua imperfeição e sentindo-se miserável por ser capaz de realizar apenas a metade do que havia sido designado a fazer.

Um dia, à beira do poço, Após perceber que por dois anos havia sido uma falha amarga, o pote falou para o homem:

— Estou envergonhado, quero pedir-lhe desculpas.

— Por quê? — Perguntou o homem. — De que você está envergonhado?

— Nesses dois anos, eu fui capaz de entregar apenas metade da minha carga, porque essa rachadura no meu lado faz com que a água vaze por todo o caminho da casa de seu senhor. Por causa do meu defeito, você tem que fazer todo esse trabalho, e não ganha o salário completo dos seus esforços.

O homem ficou triste pela situação do velho pote, e com compaixão falou:

— Quando retornarmos para a casa do meu senhor, quero que percebas as flores ao longo do caminho.

De fato, à medida que eles subiam a montanha, o velho pote rachado notou flores selvagens pelo trajeto, o que lhe deu ânimo. Ao fim da estrada, porém, ele ainda se sentia mal porque tinha vazado a metade de seu conteúdo, e de novo pediu desculpas ao homem por sua falha.

— Você notou que pelo caminho só havia flores no seu lado do caminho? — o homem quis saber. — Notou ainda que a cada dia, enquanto voltávamos do poço, você as regava? Por dois anos eu pude colher flores para ornamentar a mesa do meu senhor. Sem você ser do jeito que você é, ele não poderia ter essa beleza para dar graça à sua casa.

(Autor desconhecido)

JT 22 (3º ao 5º ano)

- MATERIAL: Duas garrafas Pet e alguns materiais, aos pares, para servirem de obstáculos.
- ESPAÇO: Quadra ou área ampla.

- ESQUEMA INICIAL: Formar duas equipes e montar duas pistas com obstáculos para um jogo de estafeta. Em uma das extremidades da pista, dispor as duas garrafas com água a fim de que representem o poço. Na outra extremidade devem se posicionar as duas equipes em fila, uma ao lado da outra.
- DESENVOLVIMENTO: Ao sinal de início, o primeiro de cada equipe deverá correr em direção ao poço para pegar a água, superando os obstáculos. Caso o condutor do jogo diga: "O VASO RACHOU!", os participantes deverão retornar ao poço, dando prosseguimento ao jogo. A garrafa deverá passar por todos da equipe, até que chegue ao último participante.
- VARIAÇÃO: Formar apenas uma equipe e determinar um tempo para a tarefa ser cumprida.
- REFLEXÃO: Por que tantas pessoas querem ser iguais aos seus ídolos? Devemos dar valor ao que somos?

23 – PORCOS-ESPINHOS

Durante uma era glacial, quando o globo terrestre esteve coberto por grossas camadas de gelo, muitos animais não resistiram ao frio intenso e morreram, por não se adaptarem ao clima gelado.

Foi então que uma grande manada de porcos-espinhos, numa tentativa de se proteger e sobreviver, começou a se unir, a juntar-se um pertinho do outro. Assim, um podia aquecer o que estivesse mais próximo. E todos juntos, bem unidos, aqueciam-se, enfrentando por mais tempo aquele inverno rigoroso.

No entanto, os espinhos começaram a ferir os companheiros mais próximos, justamente aqueles que lhes forneciam mais calor, o que lhes era vital para que sobrevivessem. Na dor das "espinhadas", afastaram-se, feridos, magoados, sofridos.

Dispersaram-se por não suportar os espinhos dos seus semelhantes. Machucavam muito. Mas essa não foi a melhor solução: afastados, separados, logo começaram a morrer congelados. Os que não morreram, voltaram a se aproximar, pouco a pouco, com jeito, com precaução, de tal forma que, unidos, cada qual conservava certa distância do outro, mínima, mas o suficiente para conviver sem ferir, para sobreviver sem magoar, sem causar danos recíprocos. Assim resistiram ao gelo.

(Arthur Schopenhauer)

JT 23 (3º ao 5º ano)

- MATERIAL: Nenhum.
- ESPAÇO: Quadra ou área ampla.

- ESQUEMA INICIAL: Participantes dispostos livremente no espaço.
- DESENVOLVIMENTO: Ao comando de "PORCOS-ESPINHOS [2, 3, 4, 5, 6, ou 10]", os participantes deverão se agrupar em número exato ao solicitado.
- VARIAÇÃO: Além do comando de quantidade, incorporar a forma de agruparem-se (por exemplo: sentados, abraçados, deitados, de joelhos, de mãos dadas).
- REFLEXÃO: É difícil conviver com outras crianças? Por quê?

24 – UM SÓ TIME

Há alguns anos, nas Olimpíadas Especiais de Seattle, nove participantes, todos com deficiência mental ou física, alinharam-se para a largada da corrida dos 100 metros rasos.

Ao sinal, todos partiram, não exatamente em disparada, mas com vontade de dar o melhor de si. Terminar a corrida e ganhar. Todos, com exceção de um garoto, que tropeçou no asfalto, caiu rolando e começou a chorar.

Os outros oito participantes ouviram o choro. Então, eles voltaram, todos eles. Uma das meninas com síndrome de Down ajoelhou e deu um beijo no garoto dizendo:

— Pronto, agora vai sarar.

E todos os nove participantes deram os braços e andaram juntos até a linha de chegada. O estádio inteiro levantou e os aplausos duraram muitos minutos.

E as pessoas que estavam ali, naquele dia, continuam repetindo essa história até hoje.

Por quê? Porque, lá no fundo, nós sabemos que o que importa é mais do que ganhar sozinho.

O que importa nesta vida é ajudar os outros a vencer, mesmo que isso signifique diminuir o passo e mudar o curso.

(Flo Johnasen)

JT 24 (2º ciclo)

- MATERIAL: Quatro cones.
- ESPAÇO: Quadra ou área ampla.
- ESQUEMA INICIAL: Formar duas equipes com os participantes do jogo. Colocar dois cones, próximos uns dos outros, para que as equipes formem filas paralelas. Dispor, também, dois cones à frente e a uma mesma distância de cada equipe.
- DESENVOLVIMENTO: Como num jogo de estafeta, ao sinal de início, o primeiro de cada equipe deverá se deslocar correndo e dar a volta no cone. Quando retornar, deverá oferecer a mão a seu colega de equipe e dar mais uma volta no cone à frente. A cada volta, ele deverá pegar mais um colega, até que não sobre mais ninguém.
- VARIAÇÃO: Em vez de dar as mãos, deverão deslocar-se abraçados lateralmente.
- REFLEXÃO: Por que é tão difícil trabalhar em equipe?

25 – O LEÃO E O RATO

Sentindo-se ensonado, um leão deitou-se à sombra duma árvore para descansar, quando um rato o escalou e o acordou. Soltando um rugido, o leão bateu com a pata no rato e estava quase a matá-lo, quando a pequena criatura lhe disse:

— Por favor, não me mates! Não é digno de uma criatura tão nobre como tu destruir um rato pequeno e insignificante como eu.

Apiedando-se, o leão deixou fugir o rato. Passado algum tempo, durante uma caçada, o leão caiu numa armadilha e soltou um grande rugido. O rato ouviu o leão e correu em seu auxílio, dizendo:

— Não tenhas medo, eu sou teu amigo!

E, sem dizer mais nada, o rato roeu as malhas da rede e em breve o leão estava solto.

(Esopo)

JT 25 (1º e 2º ano)

- MATERIAL: Nenhum.
- ESPAÇO: Quadra ou área ampla.
- ESQUEMA INICIAL: Os participantes deverão formar duplas, sendo um de estatura mais alta, o "leão", e outro, de estatura mais baixa, o "ratinho". Todas as duplas deverão alinhar-se lado a lado.
- DESENVOLVIMENTO: Ao sinal de início, todos deverão se deslocar para um ponto definido, sendo que esse deslocamento, de cada dupla, deverá acontecer da seguinte forma: o ratinho só poderá passar por debaixo da perna do leão e este, por cima do ratinho.
- VARIAÇÃO: Inverter a forma de deslocamento: leão por baixo e o ratinho por cima.
- REFLEXÃO: Por que algumas pessoas ou crianças se acham melhores do que outras?

26 – O BEIJA-FLOR E O INCÊNDIO

Havia um grande incêndio na floresta. As chamas se elevavam a uma enorme altura e as árvores começavam a ser pouco a pouco destruídas pelo fogo.

Os animais, apavorados, corriam em busca de abrigo, fugindo desesperadamente da catástrofe. Enquanto isso, um pequenino beija-flor voava velozmente até o rio, pegava no minúsculo bico uma gota de água e trazia-a até a borda da floresta, deixando-a cair sobre as chamas.

Observando o vaivém da ave, uma coruja velha e ranzinza que ia passando por ali o interrogou:

— O que você está fazendo, beija-flor?

— Não está vendo? Estou trazendo água do rio para apagar o incêndio antes que ele destrua toda a floresta — respondeu a avezinha.

— Você deve ser maluco — disse a coruja. — Não está vendo que é impossível apagar esse incêndio enorme com essa gotinha de água?

— Sei disso — o beija-flor falou. — Estou apenas fazendo a minha parte.

(Autor desconhecido)

JT 26 (1º e 2º ano)

- MATERIAL: Nenhum.
- ESPAÇO: Quadra ou área ampla.
- ESQUEMA INICIAL: Um participante fará o papel do beija-flor e os demais serão os outros animais. O beija-flor ficará de um lado do espaço, que deverá ser dividido por uma linha no chão, e os outros animais, permanecem do outro lado do espaço.

- DESENVOLVIMENTO: Quando o condutor do jogo gritar "FOGO!", o beija-flor vai se deslocar para o outro lado do espaço. Os animais também inverterão de lado, sendo que quem for tocado pelo beija-flor fará parte da equipe de combate ao incêndio, junto ao beija-flor. O comando de "fogo" deverá ser executado até que todos façam parte do mesmo grupo.
- VARIAÇÃO: O deslocamento deverá ser feito com uma perna só (alternar esquerda e direita).
- REFLEXÃO: Devemos pensar só em nós mesmos ou devemos pensar nas outras pessoas também? Por quê?

27 – A LEBRE E A TARTARUGA

A lebre vivia a se gabar de que era o mais veloz de todos os animais. Até o dia em que encontrou a tartaruga.

— Eu tenho certeza de que, se apostarmos uma corrida, serei a vencedora — desafiou a tartaruga.

A lebre caiu em gargalhada.

— Uma corrida? Eu e você? Essa é boa!

— Por acaso você está com medo de perder? — perguntou a tartaruga.

— É mais fácil um leão cacarejar do que eu perder uma corrida para você — respondeu a lebre.

No dia seguinte, a raposa foi escolhida para ser a juíza da prova. Bastou dar o sinal da largada para a lebre disparar na frente a toda velocidade. A tartaruga não se abalou e continuou na disputa.

A lebre estava tão certa da vitória que resolveu tirar uma soneca.

Se aquela molenga passar na minha frente, é só correr um pouco que eu a ultrapasso, pensou. A lebre dormiu tanto que não percebeu quando a tartaruga, em sua marcha vagarosa e constante, a ultrapassou.

Quando acordou, continuou a correr com ares de vencedora. Mas, para sua surpresa, a tartaruga, que não descansara um só minuto, cruzou a linha de chegada em primeiro lugar. Desse dia em diante, a lebre tornou-se o alvo das chacotas da floresta. Quando dizia que era o animal mais veloz, todos eles se lembravam de certa tartaruga...

(Esopo)

JT 27 (3º ao 5º ano)

- MATERIAL: Uma bola de voleibol e uma rede.
- ESPAÇO: Quadra ou área ampla.

- ESQUEMA INICIAL: Dividir os participantes em dois times, o da tartaruga e o da lebre.
- DESENVOLVIMENTO: Como num jogo de voleibol, a cada ponto do time das tartarugas, um participante do time das lebres deverá dar uma volta correndo no espaço reservado ao jogo. A cada ponto do time das lebres, um participante do time das tartarugas deverá dar uma volta caminhando no espaço reservado ao jogo.
- VARIAÇÃO: A cada três pontos, deve-se aumentar o número de voltas.
- REFLEXÃO: Devemos nos envaidecer das nossas qualidades? Que inconvenientes essa atitude pode nos trazer?

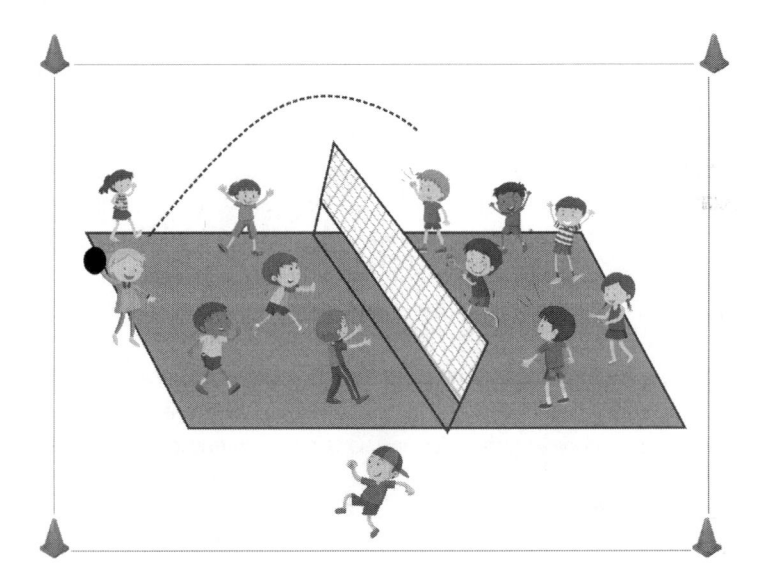

28 – A RATOEIRA

Um rato, olhando por um buraco na parede, viu o fazendeiro e sua esposa abrindo um pacote. Pensou logo em que tipo de comida poderia ter ali, mas ficou aterrorizado quando descobriu que era uma ratoeira. Foi para o pátio da fazenda e advertiu a todos:

— Tem uma ratoeira na casa, tem uma ratoeira na casa!!!

A galinha, que andava ciscando de um lado para o outro, levantou a cabeça e cacarejou:

— Desculpe, senhor Rato, eu sei que é um grande problema para o senhor, mas não me prejudica em nada. Ratoeiras não são para as galinhas, portanto não corro nenhum perigo por causa dela.

O rato foi até o porco:

— Tem uma ratoeira na casa, uma ratoeira!

— Desculpe, senhor Rato, mas não há nada que eu possa fazer, a não ser rezar. Fique tranquilo que o senhor será lembrado nas minhas preces — concluiu irônico.

O rato dirigiu-se então à vaca. Mas ela nem ligou para um animalzinho tão pequeno:

— Você acha que eu estou em perigo por causa de uma ratoeirazinha? — E mugiu despreocupada.

Então, o rato voltou para a casa, cabisbaixo e abatido, a fim de encarar sozinho a ratoeira do fazendeiro. Naquela noite, ouviu-se na residência o barulho característico da ratoeira pegando sua vítima...

A mulher do fazendeiro correu para ver o que tinha acontecido. No escuro, ela não viu que a ratoeira prendera a cauda de uma cobra venenosa. A cobra picou a mulher. O fazendeiro levou-a imediatamente ao hospital, de onde ela voltou com febre.

Todo mundo sabe que, para alimentar alguém com febre, nada melhor que uma canja. O fazendeiro pegou seu cutelo e foi providenciar o ingrediente principal, a galinha.

Como a mulher continuava mal, amigos e vizinhos vieram visitá-la. Para alimentá-los, o fazendeiro matou o porco. A mulher não melhorou e acabou morrendo. Muita gente veio para o funeral. O fazendeiro então sacrificou a vaca para alimentar todo aquele povo.

(Autor desconhecido)

JT 28 (1º e 2º ano)

- MATERIAL: Uma ratoeira de faz de conta.
- ESPAÇO: Quadra ou área ampla.
- ESQUEMA INICIAL: Um participante deverá ser escolhido para esconder a ratoeira.
- DESENVOLVIMENTO: Após a ratoeira ter sido escondida, os demais participantes deverão procurá-la. Quem encontrá-la terá de perseguir os demais colegas para pegá-lo. Quem for pego será o próximo a escondê-la.
- VARIAÇÃO: Quem for pego deverá escolher outro participante para escondê-la.
- REFLEXÃO: É importante ajudarmos a quem precisa? Por quê?

29 – A ÁGUIA INVEJOSA

Dwight L. Moody contou uma vez a fábula de uma águia que tinha inveja de uma outra, que voava melhor do que ela. Um dia a ave viu um arqueiro e lhe pediu:

— Gostaria que você derrubasse aquela águia ali.

O homem disse que poderia fazê-lo, se tivesse algumas penas na sua flecha. Então, a águia invejosa arrancou uma pena de sua asa. A flecha partiu, mas não atingiu a outra ave, que estava voando alto demais. A águia invejosa arrancou outra de suas penas, depois outra, até que perdeu tantas que já não podia mais voar. O arqueiro aproveitou-se da situação e, voltando-se, matou a ave desamparada.

Moody fez a seguinte aplicação: se você tem inveja dos outros, a pessoa mais atingida pelo que fizer será você mesmo.

(Autor desconhecido)

JT 29 (3º ao 5º ano)

- MATERIAL: Jornal, cola e fita adesiva.
- ESPAÇO: Quadra ou área ampla.
- ESQUEMA INICIAL: Confeccionar flechas como a da história.
- DESENVOLVIMENTO: Cada participante deverá fazer um lançamento manual de sua flecha visando alcançar a maior distância.
- VARIAÇÃO: Lançar com a mão contrária.
- REFLEXÃO: A inveja deve ser considerada um mau sentimento? Por quê?

30 – A ÁGUIA E GALINHA

Esta é uma história que vem de um pequeno país da África Ocidental, Gana, narrada por um educador popular, James Aggrey, nos inícios do século XX, quando se davam os embates pela descolonização. Oxalá nos faça pensar sempre a respeito.

Era uma vez um camponês que foi à floresta vizinha apanhar um pássaro, a fim de mantê-lo cativo em casa. Conseguiu pegar um filhote de águia.

Colocou-o no galinheiro junto às galinhas. Cresceu como uma galinha.

Depois de cinco anos, esse homem recebeu em sua casa a visita de um naturalista.

Enquanto passeavam pelo jardim, disse o naturalista:

— Esse pássaro aí não é uma galinha. É uma águia.

— De fato, disse o homem. — É uma águia. Mas eu a criei como galinha. Ela não é mais águia. É uma galinha como as outras.

— Não — retrucou o naturalista. — Ela é e será sempre uma águia. Este coração a fará um dia voar às alturas.

— Não — insistiu o camponês. — Ela virou galinha e jamais voará como águia.

Então, decidiram fazer uma prova. O naturalista tomou a águia, ergueu-a bem alto e, desafiando-a, disse:

— Já que você de fato é uma águia, já que pertence ao céu e não à terra, então abra suas asas e voe!

A águia ficou sentada sobre o braço estendido do naturalista. Olhava distraidamente ao redor. Viu as galinhas lá embaixo, ciscando grãos, e pulou para junto delas. O camponês comentou:

— Eu lhe disse, ela virou uma simples galinha!

— Não — tornou a insistir o naturalista. — Ela é uma águia. E uma águia sempre será uma águia. Vamos experimentar novamente amanhã.

No dia seguinte, o naturalista subiu com a águia no teto da casa. Sussurrou-lhe:

— Águia, já que você é uma águia, abra suas asas e voe!

Mas, quando a águia viu lá embaixo as galinhas ciscando o chão, pulou e foi parar junto delas.

O camponês sorriu e voltou a dizer:

— Eu havia lhe dito, ela virou galinha!

— Não — respondeu firmemente o naturalista. — Ela é águia e possuirá sempre um coração de águia. Vamos experimentar ainda uma última vez. Amanhã a farei voar.

No dia seguinte, o naturalista e o camponês levantaram bem cedo. Pegaram a águia, levaram-na para o alto de uma montanha. O sol estava nascendo e dourava os picos das montanhas.

O naturalista ergueu a águia para o alto e ordenou-lhe:

— Águia, já que você é uma águia, já que você pertence ao céu e não à terra, abra suas asas e voe!

A águia olhou ao redor. Tremia como se experimentasse nova vida. Mas não voou. Então, o naturalista segurou-a firmemente, bem na direção do sol, de sorte que seus olhos pudessem se encher de claridade e ganhar as dimensões do vasto horizonte.

Foi quando ela abriu suas potentes asas. Ergueu-se, soberana, sobre si mesma. E começou a voar, a voar para o alto e voar cada vez mais para o alto. Voou e nunca mais retornou.

(Leonardo Boff)

JT 30 (3º ao 5º ano)

- MATERIAL: Uma bola de basquete e um apito.
- ESPAÇO: Quadra ou área ampla.
- ESQUEMA INICIAL: Formar duas equipes: uma representando o time das "galinhas" e a outra, o das "águias".

- DESENVOLVIMENTO: Como num jogo de basquetebol, em que só o time das galinhas poderá driblar quantas vezes quiser e só o time das águias poderá saltar para arremessar à cesta.
- VARIAÇÃO: Inverter a regra estabelecida: agora, só as galinhas poderão saltar e apenas as águias poderão driblar várias vezes.
- REFLEXÃO: Que atitude nós devemos ter quando uma pessoa nos diz que somos inferiores, burros ou que não valemos nada?

31 – CONSTRUTORES DE PONTES

Dois irmãos que moravam em fazendas vizinhas, separadas apenas por um riacho, entraram em conflito. Foi a primeira grande desavença em toda uma vida de trabalho lado a lado. Mas agora tudo havia mudado. O que começou com um pequeno mal-entendido finalmente explodiu numa troca de palavras ríspidas, seguidas por semanas de total silêncio.

Numa manhã, o irmão mais velho ouviu baterem à sua porta.

— Estou procurando trabalho. Talvez você tenha algum serviço para mim.

— Sim — respondeu o fazendeiro. — Claro! Você vê aquela fazenda ali, além do riacho? É do meu vizinho. Na realidade, é meu irmão mais novo. Nós brigamos e não posso mais suportá-lo. Você vê aquela pilha de madeira ali no celeiro? Pois use para construir uma cerca bem alta.

— Acho que entendo a situação — disse o carpinteiro. — Mostre-me onde estão a pá e os pregos.

O irmão mais velho entregou o material e foi para a cidade. O homem ficou ali cortando, medindo, trabalhando o dia inteiro. Quando o fazendeiro chegou, não acreditou no que viu: em vez de cerca, uma ponte foi construída ali, ligando as duas margens do riacho. Era um belo trabalho, mas o fazendeiro ficou enfurecido e falou:

— Você foi atrevido construindo essa ponte depois de tudo que lhe contei.

Mas as surpresas não pararam aí. Ao olhar novamente para a ponte, viu o seu irmão se aproximando de braços abertos. Por um instante permaneceu imóvel do seu lado do rio. O irmão mais novo então falou:

— Você realmente foi muito amigo construindo esta ponte, mesmo depois do que eu lhe disse.

De repente, num só impulso, o irmão mais velho correu na direção do outro e abraçaram-se, chorando no meio da ponte. O carpinteiro que fez o trabalho partiu com sua caixa de ferramentas.

— Espere, fique conosco! Tenho outros trabalhos para você.

E o carpinteiro respondeu:

— Eu adoraria, mas tenho outras pontes a construir...

(Autor desconhecido)

JT 31 (3º ao 5º ano)

- MATERIAL: Nenhum.
- ESPAÇO: Quadra ou área ampla.
- ESQUEMA INICIAL: Formar trios, nos quais um dos participantes terá a função de "ponte" e os demais de "transportadores". Um dos participantes e a ponte ficarão em uma das extremidades do espaço; o outro participante do trio se posicionará na outra extremidade. Deverão ser escolhidos os alunos mais leves para serem pontes.
- DESENVOLVIMENTO: Ao sinal de início, o participante "ponte" deverá fazer a posição conhecida como "ponte". O companheiro da outra extremidade, por sua vez, deverá se deslocar para ajudar no transporte da ponte até um ponto previamente determinado. Recomendar todo o cuidado no transporte dos participantes para que não aconteçam acidentes.
- VARIAÇÃO: O participante "ponte", no seu retorno para a origem, deverá ser carregado por mais um transportador, ou seja, na ida por dois e na volta por três.
- REFLEXÃO: Por que, às vezes, temos mais dificuldades de nos relacionar com nossos parentes próximos de que com as outras pessoas?

"Aqui nesta escola construímos pontes."

32 – A TEMPESTADE

Em zona montanhosa, através de região deserta, caminhavam dois velhos amigos, ambos enfermos, cada qual a defender-se quanto possível contra os golpes do ar gelado e de intensa tempestade, quando foram surpreendidos por uma criança semimorta na estrada, ao sabor da ventania de inverno.

Um deles fixou o singular achado e exclamou irritadiço:

— Não perderei tempo! A hora exige cuidado para comigo mesmo. Sigamos à frente.

O outro, porém, mais piedoso, considerou:

— Amigo, salvemos o pequenino. É nosso irmão em humanidade.

— Não posso — disse o companheiro endurecido. — Sinto-me cansado e doente. Este desconhecido seria um peso insuportável. Precisamos chegar à aldeia próxima sem perda de minutos. — E avançou para adiante em largas passadas.

O viajante de bom sentimento, contudo, inclinou-se para o menino estendido. Demorou-se alguns minutos, colando-o paternalmente ao próprio peito, e aconchegando-o ainda mais, marchando adiante, embora mais lentamente.

A chuva gelada caiu metódica pela noite adentro, mas ele, amparando o valioso fardo, depois de muito tempo, atingiu a hospedaria do povoado que buscava. Com enorme surpresa, porém, não encontrou o colega que havia seguido na frente.

Somente no dia seguinte, depois de minuciosa procura, foi o infeliz viajante encontrado sem vida numa vala do caminho alagado.

Seguindo a pressa e a sós, com a ideia egoísta de preservar-se, não resistiu à onda de frio que se fizera violenta, e tombou encharcado, sem recursos diante do congelamento.

Enquanto o companheiro, recebendo em troca o suave calor da criança que sustentava junto do próprio coração, superou os obstáculos da noite frígida, salvando-se de semelhante desastre.

(Autor desconhecido)

JT 32 (3º ao 5º ano)

- MATERIAL: Nenhum.
- ESPAÇO: Quadra ou área ampla.
- ESQUEMA INICIAL: Desenhar duas linhas paralelas a uma distância de 5, 10 ou 15 metros (dependerá da faixa etária dos participantes). Dividir os participantes em dois grupos, sendo que cada grupo ficará de frente para o outro, atrás da linha.
- DESENVOLVIMENTO: Ao sinal de início, um dos participantes de um dos grupos se deslocará, transpondo a linha em direção ao outro grupo. Ele deverá pegar um

integrante desse grupo e transportar para o seu lado, sem deixar que este toque com os pés no chão. Neste momento, aquele que foi transportado deverá pegar um integrante do outro grupo e transportar de volta para o seu lado. A tarefa estará terminada após todos terem sidos transportados e transportarem alguém.
- VARIAÇÃO: Determinar um tempo para cumprir a tarefa.
- REFLEXÃO: Um ato de solidariedade pode nos trazer benefícios reais?

33 – A BORBOLETA-AZUL

Havia um viúvo que morava com suas duas filhas curiosas e inteligentes. As meninas sempre faziam muitas perguntas. A algumas ele sabia responder, a outras não.

Como pretendia oferecer a elas a melhor educação, mandou as meninas passarem férias com um sábio que morava no alto de uma colina.

O sábio sempre respondia a todos os questionamentos sem hesitar. Impacientes com o sábio, as meninas resolveram inventar uma pergunta que ele não saberia responder.

Então, uma delas apareceu com uma linda borboleta-azul, que usaria para pregar uma peça no sábio.

— O que você vai fazer? — perguntou a irmã.

— Vou esconder a borboleta em minhas mãos e perguntar se ela está viva ou morta.

— Se ele disser que ela está morta, vou abrir minhas mãos e deixá-la voar.

Se ele disser que ela está viva, vou apertá-la e esmagá-la. E assim qualquer resposta que o sábio nos der estará errada!

As duas meninas foram então ao encontro do sábio, que estava meditando.

— Tenho aqui uma borboleta-azul. Diga-me, sábio, ela está viva ou morta?

Calmamente, o sábio sorriu e respondeu:

— Depende de você... Ela está em suas mãos.

Assim é a nossa vida, o nosso presente e o nosso futuro. Nós não devemos culpar ninguém quando algo dá errado.

Somos nós os responsáveis por aquilo que conquistamos (ou não conquistamos). Nossa vida está em nossas mãos, como a borboleta-azul...

Cabe a nós escolher o que fazer com ela.

(Autor desconhecido)

JT 33 (3º ao 5º ano)

- MATERIAL: Nenhum.
- ESPAÇO: Quadra ou área ampla.

- **ESQUEMA INICIAL:** Um participante será escolhido para ser a "borboleta" e os demais serão divididos em dois grupos: o grupo dos "protetores" da borboleta e o dos "matadores".
- **DESENVOLVIMENTO:** Ao sinal de início, a borboleta deverá fugir dos matadores e os protetores terão de impedir os matadores. A borboleta terá três vidas. Depois, poderão ser trocadas as funções.
- **VARIAÇÃO:** Os protetores deverão impedir os matadores sem tocá-los.
- **REFLEXÃO:** Como podemos ter uma boa vida?

34 – A BORBOLETA

Um dia, uma pequena abertura apareceu em um casulo. Um homem sentou-se, observou a borboleta por várias horas e pensou: *Como ela se esforça para fazer com que seu corpo minúsculo passe através daquele pequeno buraco!* De repente, o homem percebeu que a borboleta parou de fazer qualquer movimento. Não havia progresso na sua luta. Parecia que já tinha lutado demais e não conseguia vencer o obstáculo.

Então, o homem resolveu ajudá-la. Pegou uma tesoura e cortou o restante do casulo. A borboleta saiu facilmente, mas ele percebeu que seu corpo estava murcho e suas asas, amassadas. O homem continuou a observar a borboleta, porque esperava que a qualquer momento as asas se abrissem e, firmando-se, pudessem suportar o peso do corpo. Mas nada aconteceu!

Ao contrário, a borboleta passou o resto de sua vida rastejando, com o corpo murcho e as asas encolhidas. Nunca foi capaz de voar, porque o homem, na sua gentileza e vontade de ajudá-la, não compreendeu que era o aperto do casulo que fazia com que a borboleta se esforçasse e, assim, se fortalecesse para passar por meio da pequenina abertura.

Essa é a forma que Deus utiliza para fazer com que o fluido do corpo da borboleta chegue às suas asas, deixando-as fortes e resistentes o bastante para que ela possa livrar-se do casulo e voar.

Algumas vezes, o empenho é justamente aquilo de que precisamos em nossa vida! Se Deus nos permitisse passar pela vida sem qualquer obstáculo, nos deixaria inacabados. Não iríamos ser tão fortes como somos para suportar os momentos difíceis. Nunca poderíamos voar!

(Autor desconhecido)

JT 34 (3º ao 5º ano)

- **MATERIAL:** Aparelho de som.

- ESPAÇO: Quadra ou área ampla.
- ESQUEMA INICIAL: Alunos livremente no espaço.
- DESENVOLVIMENTO: Quando a música tocar, ninguém poderá ficar parado. Quando a música parar, dever-se-á parar em frente a outro participante do jogo e tirar par ou ímpar. Quem vencer poderá pedir para que o outro faça alguma coisa para ele, sem sair do espaço determinado (por exemplo, fazer uma massagem no seu corpo ou coçar a sua cabeça).
- VARIAÇÃO: Quando a música parar, formar trios e tirar "zero ou um". Quem vencer, pedirá algo para que os dois participantes do trio façam para ele.
- REFLEXÃO: O melhor ou pior resultado de nossas ações depende do nosso esforço, empenho, dedicação? Por quê?

35 – O CAVALO E O POÇO

Um fazendeiro que lutava contra muitas dificuldades possuía alguns cavalos para ajudar nos trabalhos pesados em sua pequena fazenda.

Um dia, seu capataz veio correndo lhe dizer que um dos melhores cavalos que ele possuía havia caído num poço abandonado, o qual era muito fundo. A situação era de extrema dificuldade para que fosse retirado de lá.

Imediatamente, o fazendeiro foi até o local, a fim de verificar a situação. Ele, então, percebeu que o animal não havia se machucado gravemente, pois o poço era largo, o que fez com que, na queda, o cavalo não batesse nas suas paredes.

Mas também, verificando as condições atuais de dificuldade e um alto custo para retirá-lo de lá, notou que não valeria a pena arriscar uma operação de resgate.

Teve então de tomar a difícil decisão de sacrificar o cavalo, dando ordem ao capataz que jogasse terra no poço; assim, ele ficaria enterrado ali mesmo, e ninguém mais cairia lá dentro.

O capataz, cumprindo suas ordens, reuniu os outros empregados, com os quais começou a lançar terra dentro do poço, de maneira que o cavalo ficasse coberto e enterrado... Quando a terra começou a cair sobre o animal, este começou a se sacudir, fazendo com que ela caísse de sobre seu dorso para o chão, sendo acumulada no fundo do poço.

O cavalo então, pisando sobre esta terra, começou a subir, subir, até que os homens e o capataz perceberam que não estavam enterrando o animal. Por terem jogado tanta terra, o animal conseguiu sair daquele buraco.

Quando o fazendeiro soube do ocorrido, ficou feliz e satisfeito em não perder um belo e bom animal, que ainda viveu e o serviu por muito tempo...

(Autor desconhecido)

JT 35 (1º e 2º ano)

- MATERIAL: Um cavalo improvisado ou de brinquedo.
- ESPAÇO: Quadra ou área ampla.
- ESQUEMA INICIAL: Colocar o cavalo num ponto e os participantes do jogo a uma determinada distância.
- DESENVOLVIMENTO: Ao sinal de início, um de cada vez deverá alternar o deslocamento até o cavalo, colocando-o ora deitado, ora em pé. O tempo deverá ser cronometrado. Em seguida, lançar desafios de reduzir o tempo a cada nova tentativa.
- VARIAÇÃO: Formar dois grupos para competirem entre si.
- REFLEXÃO: Quando problemas nos atingem, devemos agir como o cavalo da história? Por quê?

36 – A CHAVE MÁGICA DA ÉTICA

Em uma era muito antiga, em que não havia felicidade e o mal reinava soberano, as pessoas não conviviam bem. Elas não se respeitavam, se agrediam, se maltratavam e se matavam. Ninguém suportava mais tanto sofrimento, e todos sonhavam com um mundo melhor. Nesse mundo, os indivíduos acreditavam numa antiga lenda, a lenda da "chave mágica da ética", a qual dizia que uma chave era capaz de abrir a porta para um mundo onde não existia violência, nem crimes, nem fome, nem ódio, nem *bullying*, e no qual todos eram felizes.

Num certo dia, um jovem rapaz caminhava por uma floresta, quando tropeçou em algo e caiu. Percebeu, então, que o objeto era uma chave. Uma chave diferente, brilhante, muito bonita, como nunca vira antes, e na qual estava escrito ÉTICA. Rapidamente, segurou-a com cuidado e resolveu escondê-la. Foi aí que se recordou da lenda da chave mágica e se perguntou: "Será que existe realmente um mundo onde só reina a felicidade?". A partir desse momento, começou a procurar uma porta que pudesse ser aberta pela chave. Sua busca durou algumas horas, até que ele se deparou com uma montanha enorme, em cujo pé havia uma porta. Foi então que o rapaz pensou: *Só pode ser essa a porta para o "mundo feliz"!* Encaminhou-se até ela, colocou a chave na fechadura e a abriu. Ficou surpreso ao ver um pequeno baú dentro de pequeno cômodo. O baú estava trancado. Resolveu usar a mesma chave para tentar abri-lo. Obteve sucesso, e dentro dele encontrou uma carta, a qual abriu. Nela, a seguinte mensagem estava escrita:

"A ÉTICA É A CHAVE PARA UM MUNDO MELHOR. FAÇA AO OUTRO O QUE GOSTARIA QUE ELE LHE FIZESSE".

O rapaz saiu correndo de volta a sua casa, para contar a todos o que havia encontrado e descoberto.

(Denis Bastos)

JT 36 (3º ao 5º ano)

- MATERIAL: Uma ou mais chaves feitas de papel duro ou EVA e de aproximadamente 30 centímetros, com a palavra ÉTICA escrita sobre elas.
- ESPAÇO: Quadra ou área ampla.
- ESQUEMA INICIAL: Alguns alunos serão escolhidos para portarem a chave e outros para serem os pegadores. Os demais alunos ficarão dispostos livremente no espaço.
- DESENVOLVIMENTO: Ao sinal de início, o aluno que for pego deverá permanecer abaixado. Para poder retornar ao pique, terá de chamar, por meio da palavra ÉTICA, o colega portador da chave. Após recebê-la, deverá rapidamente ver quem o está chamando para também repassar a chave.
- VARIAÇÃO: Mudar a posição de espera de quem for colado pelo pegador (sentado, ajoelhado, deitado etc.).
- REFLEXÃO: A ética pode ser realmente a chave para uma vida mais feliz? Por quê?

37 – O ECO DA VIDA

Um filho e seu pai caminham pelas montanhas. De repente, o filho cai, machuca-se e grita:

— Aaaii!!

Para sua surpresa, escuta a voz se repetir, em algum lugar da montanha:

— Aaaii!!

Curioso, pergunta:

— Quem é você??

Recebe como resposta:

— Quem é você??

Contrariado, grita:

— Seu covarde!!

Escuta como resposta:

— Seu covarde!!

Olha para o pai e pergunta aflito:

— O que é isso?

O pai sorri e fala:

— Meu filho, preste atenção.

Então, o pai grita em direção à montanha:

— Eu admiro você!

A voz responde:

— Eu admiro você!

De novo, o homem grita:

— Você é um campeão!

A voz responde:

— Você é um campeão!

O menino fica espantado, não entende.

Então, o pai explica:

— As pessoas chamam isso de eco, mas, na verdade, isso é a vida. Ela lhe dá de volta tudo o que você diz ou faz. Nossa vida é simplesmente o reflexo de nossas ações. Se você quer mais amor no mundo, crie mais amor no seu coração.

(Autor desconhecido)

JT 37 (1º e 2º ano)

- MATERIAL: Fichas de papel com as inscrições: *abraço, peteleco, cócegas, carinho, puxão de orelha* etc.
- ESPAÇO: Sala ou área aberta.
- ESQUEMA INICIAL: Alunos em círculo e de pé. Fichas com o dinamizador do jogo.

- DESENVOLVIMENTO: O dinamizador deverá escolher um participante para retirar uma ficha, sem ver o seu conteúdo, e executar a ação determinada por ela. O participante que receber a ação será o próximo a retirar a ficha e escolher um novo participante. Lembrando que este último não poderá ser repetido, visando ao envolvimento e à integração de todos. Após todos terem executado as tarefas, o dinamizador falará: "O FEITIÇO VIROU CONTRA O FEITICEIRO". Com isso, todas as ações serão executas ao inverso, ou seja, o participante que recebeu por último um abraço deverá devolver o abraço.
- VARIAÇÃO: As fichas deverão estar separadas em boas ações e más ações. Com isso, o aluno poderá escolher que tipo de ação gostaria de executar.
- REFLEXÃO: Por que nem sempre conseguimos fazer boas ações?

38 – OS DOIS VIAJANTES NA MACACOLÂNDIA

Dois viajantes, transviados no sertão, depois de muito andar, alcançam o reino dos macacos. Ai deles! Guardas surgem na fronteira, guardas ferozes que os prendem, que os amarram e os levam à presença de S. Majestade, Simão III.

El-rei examina-os detidamente, com macacal curiosidade, e, em seguida, os interroga:

— Que tal acham isto por aqui?

Um dos viajantes, diplomata de profissão, responde sem vacilar:

— Acho que este reino é a oitava maravilha do mundo. Sou viajadíssimo, já andei por Seca e Meca, mas, palavra de honra! Nunca vi gente mais formosa, corte mais brilhante, nem rei de mais nobre porte do que Vossa Majestade.

Simão lambeu-se todo de contentamento e disse para os guardas:

— Soltem-no e deem-lhe um palácio para morar e a mais gentil donzela para esposa. E lavrem incontinenti o decreto de sua nomeação para cavaleiro da mui augusta Ordem da Banana de Ouro:

Assim se fez e, enquanto o faziam, El-rei Simão, risonho, ainda, dirigiu a palavra ao segundo viajante:

— E você? Que acha do meu reino?

Este segundo viajante era um homem neurastênico, azedo, amigo da verdade a todo o transe. Tão amigo da verdade que replicou sem demora:

— O que acho? É boa! Acho o que é!...

— E o que é que é? — interpelou Simão, fechando o sobrecenho.

— Não é nada. Uma macacalha... Macaco praqui, macaco prali, macaco no trono, macaco no pau...

— Pau nele — berra furioso o rei, gesticulando como um possesso. — Pau de rachar nesse miserável caluniador...

E o viajante neurastênico, arrastado dali por cem munhecas, entrou numa roda de lenha que o deixou moído por uma semana.

Quem for amigo da verdade usa couraça ao lombo.

(Esopo)

JT 38 (3º ao 5º ano)

- MATERIAL: Nenhum.
- ESPAÇO: Quadra ou área ampla.
- ESQUEMA INICIAL: Escolher um participante para representar o rei macaco e outros dois para serem os viajantes. Os demais participantes serão os macacos.
- DESENVOLVIMENTO: Os viajantes deverão se esconder; em seguida, o rei enviará seus macacos para procurá-los. Quando os acharem, deverão ser trazidos para o rei. Sua majestade fará a mesma pergunta da história, escolhendo quem responderá primeiro. O escolhido fará os elogios mentirosos e o segundo dirá o que acha de verdade. Após o comentário, o rei mandará seus súditos perseguirem o viajante "sincero" para que seja preso. Escolha outros participantes e continue brincando.
- VARIAÇÃO: O rei mandará perseguir o viajante mentiroso, em vez de o viajante sincero.
- REFLEXÃO: Devemos sempre ser sinceros e falar a verdade, mesmo que possa "ferir" alguém?

39 – A GRALHA E OS PAVÕES

Como os pavões andassem em época de muda, uma gralha teve a ideia de aproveitar as penas caídas.

— Enfeito-me com estas penas e viro pavão!

Disse e fez. Ornamentou-se com as lindas penas de olhos azuis e saiu pavoneando por ali afora, rumo ao terreiro das gralhas, na certeza de produzir um maravilhoso efeito.

Mas o trunfo lhe saiu às avessas. As gralhas perceberam o embuste, riram-se dela e enxotaram-na à força de bicadas.

Corrida assim dali, dirigiu-se ao terreiro dos pavões, pensando lá consigo: *Fui tola. Desde que tenho penas de pavão, pavão sou e só entre pavões poderei viver.*

Mau cálculo. No terreiro dos pavões, coisa igual lhe aconteceu. Os pavões de verdade reconheceram o pavão de mentira e, também, a correram de lá sem dó.

E a pobre tola, bicada e esfolada, ficou sozinha no mundo. Deixou de ser gralha e não chegou a ser pavão, conseguindo apenas o ódio de umas e o desprezo de outros.

(Esopo)

JT 39 (1º ao 2º ano)

- MATERIAL: Nenhum.
- ESPAÇO: Quadra ou área ampla.
- ESQUEMA INICIAL: Participantes livremente à frente do dinamizador.
- DESENVOLVIMENTO: O dinamizador falará: "Há uma gralha enfeitada com penas de pavão no meio de nós". Após falar a frase, ele dirá um detalhe de um participante para determinar quem é essa gralha (exemplo: "A gralha está com um brinco azul ou com um tênis rosa"). Os participantes do jogo deverão procurar quem está com o detalhe falado para afugentar do grupo.
- VARIAÇÃO: Num primeiro momento, o dinamizador falará uma característica que seja de apenas um participante. Já na variação, poderá falar características que mais de um participante possui (exemplo: participantes que possuam a mesma estatura).
- REFLEXÃO: Por que pessoas fazem como a gralha e querem se mostrar melhores do que realmente são?

40 – O SABIÁ E O URUBU

Era à tardinha. Morria o sol no horizonte, enquanto as sombras se alongavam na terra. Um sabiá cantava tão lindo que até as laranjeiras pareciam absortas à escuta.

Estorce-se de inveja o urubu e queixa-se:

— Mal abre o bico este passarinho e o mundo se enleva. Eu, entretanto, sou um espantalho de que todos fogem com repugnância... Se ele chega, tudo se alegra; se eu me aproximo, todos recuam... Ele, dizem, traz felicidade; eu, mau agouro... A natureza foi injusta e cruel para comigo. Mas está em mim corrigir a natureza; mato-o, e desse modo me livro da raiva que seus gorjeios me provocam.

Pensando assim, aproximou-se do sabiá, que, ao vê-lo, armou as asas para a fuga.

— Não tenha medo, amigo! Venho para mais perto a fim de melhor gozar as delícias do canto. Julga que por ser urubu não dou valor a obras-primas da arte? Vamos lá, cante! Cante ao pé de mim aquela melodia com que havia pouco você extasiava a natureza.

O ingênuo sabiá deu crédito àqueles mentirosos grasnos e permitiu que dele se aproximasse o traiçoeiro urubu. Mas este, logo que o pilhou ao alcance, deu-lhe tamanha bicada que o fez cair moribundo.

Arquejante, com os olhos já sem brilho, gemeu o passarinho:

— Que mal fiz eu para merecer tanta ferocidade?
— Que mal fez? É boa! Cantou!... Cantou divinamente bem, como nunca urubu nenhum há de cantar. Ter talento: eis o grande crime!...

(Esopo)

JT 40 (3º ao 5º ano)

- MATERIAL: Bola.
- ESPAÇO: Quadra ou área ampla.
- ESQUEMA INICIAL: Escolher dois participantes para formarem dos times, sendo que um dos participantes deverá ser, reconhecidamente, o mais habilidoso e o outro, reconhecidamente, o de pouca habilidade. O habilidoso formará o time dos sabiás e o de pouca habilidade deverá formar o time dos urubus.
- DESENVOLVIMENTO: Um jogo de futebol (ou voleibol, ou handebol) dos sabiás contra os urubus.
- VARIAÇÃO: Se jogou anteriormente um esporte que prioritariamente se joga com o pé, deve escolher agora um esporte que prioriza o jogo com as mãos.
- REFLEXÃO: A inveja nos faz bem? Podemos nos esforçar para sermos mais habilidosos?

41 – A MENINA DO LEITE

A menina era só alegria. Era a primeira vez que iria à cidade, vender o leite de sua querida vaquinha.

Colocou sua melhor roupa, um belo vestido azul, e partiu pela estrada com a lata de leite na cabeça.

Ao caminhar, o leite chacoalhava dentro da lata. E a menina não conseguia parar de pensar: *Vou vender o leite e comprar ovos, uma dúzia. Depois, choco os ovos e ganho uma dúzia de pintinhos. Quando os pintinhos crescerem, terei bonitos galos e galinhas. Vendo os galos e crio as galinhas, que são ótimas para botar ovos. Choco os ovos e terei mais galos e galinhas. Vendo tudo e compro uma cabrita e algumas porcas. Se cada porca me der três leitõezinhos, vendo dois, fico com um e...*

A menina estava tão distraída em seus pensamentos que tropeçou numa pedra, perdeu o equilíbrio e levou um tombo.

Lá se foi, pelos ares, o leite branquinho pelo chão. E os ovos, os pintinhos, os galos, as galinhas, os cabritos, as porcas e os leitõezinhos.

(Esopo)

JT 41 (1º e 2º ano)

- MATERIAL: Um balde cheio com bolas pequenas.
- ESPAÇO: Quadra ou área ampla.
- ESQUEMA INICIAL: Escolher um participante para representar a menina do leite. Formar duas ou mais equipes e dispô-las livremente no espaço.
- DESENVOLVIMENTO: Quando o dinamizador disser "Entrando a menina do leite", quem a representa entrará e se deslocará pelo espaço até que deixe todas as bolas caírem no chão. As equipes deverão pegar o maior número de bolas.
- VARIAÇÃO: Formar um único grupo para recolher as bolas que caírem no chão. O dinamizador deverá cronometrar o tempo da primeira coleta. Em seguida, deverá desafiar o grupo a baixar o tempo a cada nova tentativa.
- REFLEXÃO: O que a menina do leite fez de errado? Como ela poderia evitar o acidente?

42 – AS DUAS VIZINHAS

Havia duas vizinhas que viviam em pé de guerra. Não podiam se encontrar na rua que era briga na certa. Depois de um tempo, dona Maria descobriu o verdadeiro valor da amizade e resolveu que iria fazer as pazes com dona Clotilde.

Ao se encontrarem na rua, muito humildemente, disse dona Maria:

— Minha querida Clotilde, nós já estamos nessa desavença há anos e sem nenhum motivo aparente. Estou propondo para você que façamos as pazes e vivamos como duas boas e velhas amigas.

Dona Clotilde, na hora, estranhou a atitude da velha rival e disse que iria pensar no caso. Pelo caminho, foi matutando: *Essa dona Maria não me engana, está querendo me aprontar alguma coisa e eu não vou deixar barato. Vou mandar-lhe um presente para ver sua reação.*

Chegando em casa, preparou uma bela cesta de presentes, cobrindo-a com um lindo papel, mas encheu-a de esterco de vaca. E pensou: *Eu adoraria ver a cara da dona Maria ao receber este "maravilhoso" presente. Vamos ver se ela vai gostar dessa.*

Mandou a empregada levar o presente a casa da rival, com um bilhete:

"Aceito sua proposta de paz e, para selarmos nosso compromisso, envio-lhe este lindo presente".

Dona Maria estranhou o presente, mas não se exaltou. *O que ela está propondo com isso? Não estamos fazendo as pazes? Bem, deixe pra lá.* Alguns dias depois, dona Clotilde atendeu à porta e recebeu uma linda cesta de presentes coberta com um belo papel.

— É a vingança daquela asquerosa da Maria. Que será que ela me aprontou? Qual não foi sua surpresa ao abrir a cesta e ver um lindo arranjo das mais belas flores que podiam existir num jardim, e um cartão com a seguinte mensagem:

"Estas flores é o que lhe ofereço em prova da minha amizade. Foram cultivadas com o esterco que você me enviou e que proporcionou excelente adubo para meu jardim".

(Autor desconhecido)

JT 42 (3º ao 5º ano)

- MATERIAL: Duas caixas de presente, sendo que no interior de uma deve estar escrita a palavra "esterco" e no de outra a palavra "flores".
- ESPAÇO: Quadra ou área ampla.
- ESQUEMA INICIAL: Dividir o grupo em duas equipes e dispô-las em fila, sendo uma em frente à outra, separadas por uma distância de aproximadamente 20 metros. Entre as duas equipes, colocar as duas caixas, lado a lado.
- DESENVOLVIMENTO: Como em um jogo de estafeta, ao sinal de início, o primeiro de cada fila vai se deslocar, pegar uma das caixas e passar para o próximo da sua fila. Este último deverá retornar com a caixa e devolvê-la ao seu local de origem. Essa dinâmica deverá ocorrer até que todos tenham pegado na caixa. Ao final, verificar-se-á quem ficou com a caixa de esterco.
- VARIAÇÃO: Quem pegar a caixa, levará para a outra equipe, posicionando-se no final da fila dessa equipe. Assim acontece com a outra equipe também.
- REFLEXÃO: Qual das vizinhas teve a atitude mais ética? Por quê?

43 – O BEM E O MAL

Certa vez, foi perguntado ao índio mais velho da tribo:
— Quem é o responsável pelos instintos bons e maus que nos invadem a alma?
O índio descreveu que são conflitos internos em cada um de nós. E completou:
— Dentro de nós existem dois lobos, um deles é cruel e mau, o outro é pacífico e muito bom. Os dois estão sempre brigando.
Então lhe foi perguntado:
— Qual dos lobos ganha essa briga?
O índio respondeu:
— Aquele que você alimentar.

(Autor desconhecido)

JT 43 (3º ao 5º ano)

- MATERIAL: Uma bola de voleibol ou bolão gigante.
- ESPAÇO: Quadra ou área ampla.
- ESQUEMA INICIAL: Formar duas equipes, uma para representar a equipe do "lobo mau" e outra para representar a equipe do "lobo bom". Cada equipe ficará numa metade da quadra.
- DESENVOLVIMENTO: O jogo a ser disputado se chamará "Um Quique". Ele deverá ser jogado com as mãos e a bola só poderá dar um quique em cada campo ou em cada metade da quadra. As mãos devem ser usadas como uma raquete. Semelhante a um grande pingue-pongue.
- VARIAÇÃO: Jogar só com os pés.
- REFLEXÃO: Qual lobo estamos alimentando mais?

44 – O VINHO E A ÁGUA

Nos Alpes italianos existia um pequeno vilarejo que se dedicava ao cultivo de uvas para produção de vinho. Uma vez por ano, acontecia uma grande festa para comemorar o sucesso da colheita. A tradição exigia que, nessa festa, cada morador do vilarejo trouxesse uma garrafa do seu melhor vinho, para colocar dentro de um grande barril, que ficava na praça central. Um dos moradores pensou: *Por que deverei levar uma garrafa do meu mais puro vinho? Levarei água, pois no meio de tanto vinho o meu não fará falta.*

Assim pensou e assim fez. Conforme o costume, em determinado momento, todos se reuniram na praça, cada um com sua caneca para provar aquele vinho, cuja fama se estendia muito além das fronteiras do país. Contudo, ao abrir a torneira, um absoluto silêncio tomou conta da multidão. Do barril saiu... água!

A ausência da minha parte não fará falta, foi o pensamento de cada um dos produtores...

Muitas vezes somos conduzidos a pensar: *Tantas pessoas existem neste mundo! Se eu não fizer a minha parte, isto não terá importância.*

E vamos todos beber água em todas as festas, não?!?!

(Autor desconhecido)

JT 44 (3º ao 5º ano)

- MATERIAL: Uma garrafa com água e outra com líquido tingido de vermelho. Copos descartáveis para todos os participantes.
- ESPAÇO: Quadra ou área ampla.
- ESQUEMA INICIAL: Dividir o grupo em dois e organizar dois círculos separados com os participantes de pé. Cada participante deve estar com um copo na mão, sendo que um integrante de cada grupo receberá água e o outro, o líquido avermelhado.
- DESENVOLVIMENTO: Ao sinal de início, a água deverá ser passada de copo em copo até que complete a volta.
- VARIAÇÃO: Formar um único grupo e determinar um tempo para realizar a passagem de um dos líquidos.
- REFLEXÃO: A lei do mais esperto ainda reina em nossa sociedade? Por que muitas pessoas querem se passar por espertos?

45 – A MENINA E O PÁSSARO ENCANTADO

Era uma vez uma menina que tinha um pássaro como seu melhor amigo.

Ele era um pássaro diferente de todos os demais: era encantado.

Os pássaros comuns, se a porta da gaiola estiver aberta, vão embora para nunca mais voltar. Mas o pássaro da menina voava livre e vinha quando sentia saudades...

Suas penas também eram diferentes. Mudavam de cor. Eram sempre pintadas pelas cores dos lugares estranhos e longínquos por onde voava.

Certa vez, voltou totalmente branco, cauda enorme de plumas fofas como o algodão.

— Menina, eu venho de montanhas frias e cobertas de neve, tudo maravilhosamente branco e puro, brilhando sob a luz da lua, nada se ouvindo a não ser o barulho do vento que faz estalar o gelo que cobre os galhos das árvores. Trouxe, nas minhas penas, um pouco de encanto que eu vi, como presente para você...

E assim ele começava a cantar as canções e as estórias daquele mundo que a menina nunca vira. Até que ela adormecia e sonhava que voava nas asas do pássaro.

Outra vez voltou vermelho como fogo, penacho dourado na cabeça.

— Venho de uma terra queimada pela seca, terra quente e sem água, onde os grandes, os pequenos e os bichos sofrem a tristeza do sol que não se apaga. Minhas penas ficaram como aquele sol e eu trago canções tristes daqueles que gostariam de ouvir o barulho das cachoeiras e ver a beleza dos campos verdes.

E de novo começavam as estórias. A menina amava aquele pássaro e podia ouvi-lo sem parar, dia após dia. E o pássaro amava a menina, por isso voltava sempre. Mas chegava sempre uma hora de tristeza.

— Tenho que ir — ele dizia.

— Por favor, não vá. Fico tão triste, terei saudades e vou chorar...

— Eu também terei saudades — dizia o pássaro. — Eu também vou chorar. Mas eu vou lhe contar um segredo: as plantas precisam da água, nós precisamos do ar, os peixes precisam dos rios... e o meu encanto precisa da saudade. É aquela tristeza, na espera da volta, que faz com que minhas penas fiquem bonitas. Se eu não for, não haverá saudades. Eu deixarei de ser um pássaro encantado e você deixará de me amar.

Assim ele partiu. A menina, sozinha, chorava de tristeza à noite, imaginando se o pássaro voltaria. E foi numa dessas noites que ela teve uma ideia malvada: *Se eu o prender numa gaiola, ele nunca mais partirá; será meu para sempre. Nunca mais terei saudades, e ficarei feliz.*

Com estes pensamentos comprou uma linda gaiola, própria para um pássaro que se ama muito, e ficou à espera.

Finalmente ele chegou, maravilhoso, com suas novas cores, com estórias diferentes para contar.

Cansado da viagem, adormeceu. Foi então que a menina, cuidadosamente, para que ele não acordasse, o prendeu na gaiola. Assim, ele nunca mais a abandonaria. E adormeceu feliz.

Foi acordar de madrugada, com um gemido triste do pássaro.

— Ah! Menina... Que é que você fez? Quebrou-se o encanto. Minhas penas ficarão feias e eu me esquecerei das estórias... Sem a saudade, o amor irá embora...

A menina não acreditou. Pensou que ele acabaria por se acostumar. Mas isto não aconteceu. O tempo ia passando, e o pássaro ia ficando diferente. Caíram suas plumas, os vermelhos, os verdes e os azuis das penas transformaram-se num cinzento triste. E veio o silêncio, deixou de cantar. Também a menina se entristeceu. Não, aquele não era o pássaro que ela amava. E de noite ela chorava, pensando naquilo que havia feito ao seu amigo... Até que não mais aguentou. Abriu a porta da gaiola.

— Pode ir, pássaro, volte quando quiser...

— Obrigado, menina. É, eu tenho que partir. É preciso partir para que a saudade chegue e eu tenha vontade de voltar. Longe, na saudade, muitas coisas boas começam a crescer dentro da gente. Sempre que você ficar com saudades, eu ficarei mais bonito. Sempre que eu ficar com saudades, você ficará mais bonita. E você se enfeitará para me esperar...

E partiu. Voou que voou para lugares distantes. A menina contava os dias, e a cada dia que passava a saudade crescia. *Que bom*, pensava ela, *meu pássaro está ficando encantado de novo...* E ela ia ao guarda-roupa, escolher os vestidos; e penteava seus cabelos, colocava flores nos vasos...

Nunca se sabe. Pode ser que ele volte hoje...

Sem que ela percebesse, o mundo inteiro foi ficando encantado como o pássaro, porque em algum lugar ele deveria estar voando.

De algum lugar ele haveria de voltar.

Ah! Mundo maravilhoso que guarda em algum lugar secreto o pássaro encantado que se ama...

E foi assim que ela, cada noite, ia para a cama, triste de saudade, mas feliz com o pensamento: *Quem sabe ele voltará amanhã...*

E assim dormia e sonhava com a alegria do reencontro.

(Rubem Alves)

JT 45 (1º e 2º ano)

- MATERIAL: Cones para representar uma gaiola.
- ESPAÇO: Quadra ou área ampla.

- ESQUEMA INICIAL: Escolher um participante para fazer o papel do pássaro. Os demais participantes serão divididos em caçadores e protetores do pássaro. Montar um quadrado com os cones para representar à gaiola.
- DESENVOLVIMENTO: O pássaro será perseguido pelos caçadores e os protetores terão a tarefa de impedir a sua captura. Quando ele for pego, deverá ser preso na gaiola. Quando for solto, começa o jogo novamente.
- VARIAÇÃO: Ir colocando, progressivamente, mais pássaros na gaiola.
- REFLEXÃO: Caçar e prender passarinhos são boas ações? Por que algumas pessoas fazem isso?

46 – VENDEDORES DE SAPATOS

Certa vez, uma indústria de calçados aqui no Brasil desenvolveu um projeto de exportação para a Índia. Em seguida, mandou dois de seus consultores a pontos diferentes desse país para fazerem as primeiras observações do potencial daquele futuro mercado.

Depois de alguns dias de pesquisa, um dos consultores enviou o seguinte *fax* para a direção da indústria:

"Senhores, cancelem o projeto de exportação de sapatos para a Índia. Aqui ninguém usa sapatos".

Sem saber desse *fax*, alguns dias depois o segundo consultor mandou o seu recado pelo *fax*:

"Senhores, tripliquem o projeto da exportação de sapatos para a Índia. Aqui ninguém usa sapatos... ainda".

A mesma situação era um tremendo obstáculo para um dos consultores e uma fantástica oportunidade para outro.

Assim, tudo na vida pode ser visto com enfoques e maneiras diferentes. A sabedoria popular traduz essa situação na seguinte frase:

Os tristes acham que o vento geme; os alegres acham que ele canta.

(Autor desconhecido)

JT 46 (3º ao 5º ano)

- MATERIAL: Fitas de TNT preto.
- ESPAÇO: Quadra ou área ampla.
- ESQUEMA INICIAL: Dividir o grupo igualmente em dois: um com fita nos olhos e outro sem fitas.
- DESENVOLVIMENTO: Ao sinal de início, o grupo com fitas deverá retirar os calçados do grupo sem fita. O tempo será cronometrado. Depois, o grupo sem fita deverá

retirar os calçados do grupo com fita. Em seguida, o mesmo será feito, porém colocando os calçados.
- VARIAÇÃO: Trocar a fita de grupo e comparar os tempos.
- REFLEXÃO: Pensar positivo nos ajuda? Por quê?

47 – A ÚLTIMA CORDA

Era uma vez um grande violinista chamado Paganini. Alguns diziam que ele era muito estranho. Outros, que era sobrenatural. As notas mágicas que saíam de seu violino tinham um som diferente, por isso ninguém queria perder a oportunidade de ver seu espetáculo.

Numa certa noite, o palco de um auditório repleto de admiradores estava preparado para recebê-lo. A orquestra entrou e foi aplaudida. O maestro foi ovacionado. Mas quando a figura de Paganini surgiu, triunfante, o público delirou. Paganini colocou seu violino no ombro e o que se assistiu a seguir foi indescritível. Breves e semibreves, fusas e semifusas, colcheias e semicolcheias pareciam ter asas e voar com o toque daqueles dedos encantados.

De repente, um som estranho interrompeu o devaneio da plateia. Uma das cordas do violino de Paganini arrebentou. O maestro parou. A orquestra parou. O público parou.

Mas Paganini não parou.

Olhando para sua partitura, ele continuou a tirar sons deliciosos de um violino com problemas. O maestro e a orquestra, empolgados, voltaram a tocar. Mal o público se acalmou quando, de repente, um outro som perturbador derrubou a atenção dos assistentes. Uma outra corda do violino de Paganini se rompeu. O maestro parou de novo. A orquestra parou de novo.

Paganini não parou.

Como se nada tivesse acontecido, ele esqueceu as dificuldades e avançou, tirando sons do impossível. O maestro e a orquestra, impressionados, voltaram a tocar. Mas o público não poderia imaginar o que iria acontecer a seguir.

Todas as pessoas, pasmas, gritaram "OOHHH!", ecoando pela abóbada daquele auditório. Uma terceira corda do violino de Paganini se quebrou. O maestro parou. A orquestra parou. A respiração do público parou.

Mas Paganini não parou.

Como se fosse um contorcionista musical, ele tirou todos os sons da única corda que sobrara daquele violino destruído. Nenhuma nota foi esquecida. O maestro, empolgado, se animou. A orquestra se motivou. O público partiu do silêncio para a euforia, da inércia para o delírio.

Paganini atingiu a glória.

Seu nome e sua fama atravessam o tempo. Não apenas como um violinista genial, mas como símbolo do profissional que continua, mesmo diante do aparentemente impossível.

(Autor desconhecido)

JT 47 (3º ao 5º ano)

- MATERIAL: Giz e apito.
- ESPAÇO: Quadra ou área ampla.
- ESQUEMA INICIAL: Desenhar, no chão, três linhas paralelas que representaram as cordas do violino. Os participantes devem estar, alinhados, em frente da primeira corda, mantendo uma determinada distância.
- DESENVOLVIMENTO: Ao sinal de um silvo curto de apito, todos tocam, com a mão, na primeira corda e retornam ao local de partida; após dois silvos curtos de apito, todos tocam a segunda corda; após três silvos curtos de apito, todos tocam a terceira corda; um silvo de apito longo significa que todos terão de tocar nas três cordas e retornar ao local de partida.
- VARIAÇÃO: Deslocarem-se em duplas, trios etc.
- REFLEXÃO: Assim como o violinista da história, devemos persistir e superar as dificuldades que se apresentam na vida? Por que muitas pessoas não conseguem?

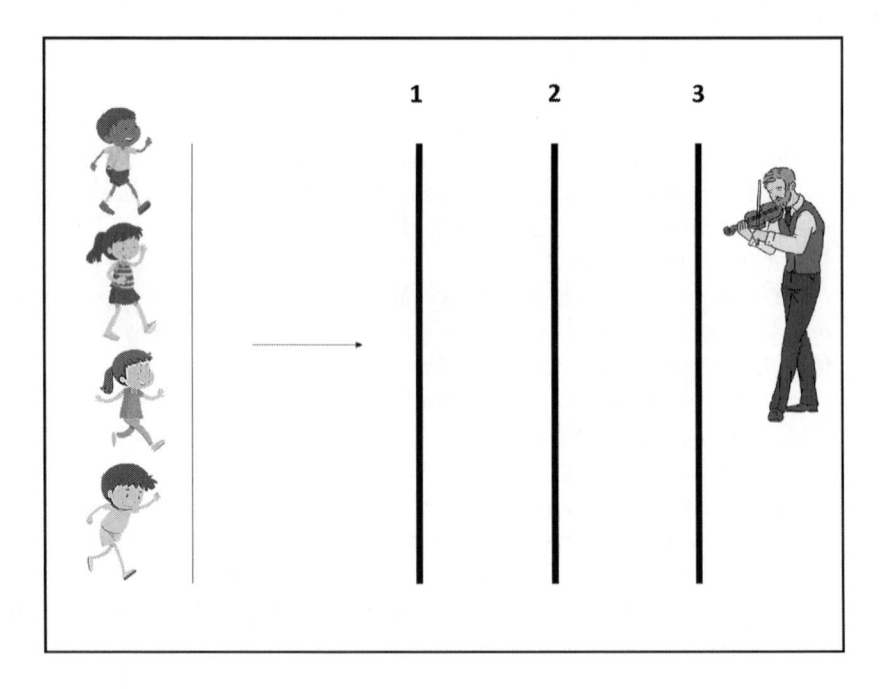

48 – VENCENDO AS DIFICULDADES

Meu maior defeito, nos tranquilos dias da infância, consistia em desanimar com demasiada facilidade quando uma tarefa qualquer me parecia difícil. Eu podia ser tudo, menos um menino persistente.

Foi quando, numa noite, meu pai me entregou uma tabuazinha de pequena espessura e um canivete e me pediu que, com este, riscasse uma linha toda a largura da tábua. Obedeci às suas instruções e, em seguida, tábua e canivete foram trancados na escrivaninha de papai.

A mesma coisa foi repetida todas as noites seguintes; ao fim de uma semana, eu não aguentava mais de curiosidade.

A história continuava. Toda noite eu tinha que riscar com o canivete, uma vez, pelo sulco, que se aprofundava.

Chegou, afinal, um dia em que não havia mais sulco. Meu último e leve esforço cortara a tábua em duas. Papai olhou longamente para mim e disse:

— Você nunca acreditaria que isto fosse possível com tão pouco esforço, não é verdade? Pois o êxito ou fracasso de sua vida não depende tanto de quanta força você põe numa tentativa, mas da persistência no que faz.

Foi essa uma lição de objeto impossível de esquecer e que mesmo um garoto de dez anos podia aproveitar.

(Relato de N. Semonoff)

JT 48 (1º e 2º ano)

- MATERIAL: Giz.
- ESPAÇO: Quadra ou área ampla.
- ESQUEMA INICIAL: Todos os participantes devem estar alinhados para a largada e com um pedaço de giz na mão. Definir um ponto à frente, de distância igual para todos, a fim de que cada um faça um risco no chão.
- DESENVOLVIMENTO: Ao sinal de início, todos deverão ir à frente, fazer um risco no chão e voltar à largada. Essa tarefa deverá ser realizada sem tempo para terminar e até que o último participante desista.
- VARIAÇÃO: Determinar um tempo máximo para a execução da tarefa.
- REFLEXÃO: Todos nós, quando queremos, conseguimos alcançar nossos objetivos? Por quê?

49 – O ESCORPIÃO E A TARTARUGA

Um escorpião, não sabendo nadar, pediu a uma tartaruga que o carregasse em suas costas através de um rio.

— Você está louco? — exclamou a tartaruga. —Você vai me picar enquanto eu estiver nadando e eu vou me afogar.

— Minha querida tartaruga — riu o escorpião —, se eu a picasse, você se afogaria e, obviamente, eu me afogaria com você. Agora, onde está à lógica nisso?

— Você está certo! — exclamou a tartaruga. — Suba aí!

O escorpião subiu nas costas da tartaruga e, na metade da travessia do rio, deu uma forte picada nela. Como ambos iriam se afogar, a tartaruga, resignadamente, disse:

— Responda-me, seu louco! Você disse que não haveria lógica em me picar. Então, por que fez isso?

— Não tem nada a ver com a lógica nem com loucura — disse o escorpião, afogando-se. E acrescentou: — É apenas o meu caráter.

(Autor desconhecido)

JT 49 (3º ao 5º ano)

- MATERIAL: Apito e giz.
- ESPAÇO: Quadra ou área ampla.
- ESQUEMA INICIAL: Desenhar duas linhas paralelas para representar um rio. Agrupar participantes, em duplas, de mesmo peso corporal, aproximadamente. Orientar quanto à execução da atividade com segurança.
- DESENVOLVIMENTO: Toda vez que ouvirem o sinal de apito, deverão atravessar o rio carregando o companheiro. Só quem está carregando poderá colocar os pés no rio. Caso o participante que está sendo carregado coloque os pés dentro do rio, a dupla deverá sair do jogo. A dupla poderá alternar quem deverá carregar.
- VARIAÇÃO: Definir de que forma deverão carregar o parceiro (por exemplo, no colo, nas costas, em cima dos pés etc.).
- REFLEXÃO: Devemos ter cuidado ao escolher nossas companhias? Por quê?

50 – AMIGOS

Quando eu estava no primeiro ano do Colegial, comecei a estudar numa escola nova e eu não conhecia ninguém por lá. No primeiro dia de aulas, a maioria dos alunos falava apenas com as pessoas já conhecidas, deixando-me de fora de suas conversas. Eu voltei para casa chorando porque estava sozinha. Mamãe me perguntou qual teria sido o pior momento naquele dia e eu disse que foi na hora do almoço, sentada sozinha na cantina.

Ela disse:

— Você certamente não é a única pessoa solitária naquela escola. Há outros que estão sozinhos. Amanhã eu quero que você, na cantina, olhe ao redor para ver se encontra outras crianças comendo sozinhas. Eu quero que você vá até uma delas e pergunte se pode se juntar a ela.

Bem, no dia seguinte, na cantina, eu olhei em volta e perguntei à primeira pessoa que eu vi que estava sentada sozinha se eu podia me sentar ao lado dela. A jovem ficou muito feliz. Eu compartilhei minha história com a garota e, no dia seguinte, nos encontramos para almoçar e convidamos outras crianças para se juntarem a nós. Elas estavam, até então, sozinhas e também não conheciam ninguém. Isso começou uma abordagem muito interessante para a minha vida.

As lições que aprendi com essa experiência ficaram comigo toda a minha vida. Eu tenho alguns problemas de me aproximar de novas pessoas em uma reunião, por exemplo, mas aprendi que não estou sozinha, exceto quando eu quero estar.

Eu posso escolher me afundar no meu problema ou posso me aproximar de outras pessoas. A maioria dos indivíduos é como você e eu. Todos nós queremos ser notados para obter um pouco de atenção e ter alguém interessado em nos ouvir.

(Autor desconhecido)

JT 50 (1º e 2º ano)

- MATERIAL: Nenhum.
- ESPAÇO: Quadra ou área ampla.
- ESQUEMA INICIAL: Escolher um aluno para ser o pegador.
- DESENVOLVIMENTO: Como num pique-cola, quem for pego pelo pegador deverá ficar parado e, para ser descolado, terá de chamar, pelo nome, um participante do jogo o qual gostaria que fosse seu amigo ou que já seja considerado amigo.
- VARIAÇÃO: Para descolar, deverá dar um abraço.
- REFLEXÃO: O que precisamos fazer para ter um amigo?

51 – O LENHADOR E O MACHADO

Era uma vez um lenhador muito forte que conseguiu um emprego em uma nova madeireira que se instalava na região.

O salário era muito bom e as condições de trabalho também. Por essa razão, o lenhador estava determinado a fazer o seu melhor.

Seu chefe lhe deu um machado e mostrou-lhe a área onde deveria cortar as árvores.

No primeiro dia, o lenhador cortou quinze árvores.

— Parabéns — disse o chefe. Continue com seu trabalho!

Altamente motivado pelas palavras do chefe, o lenhador tentou cortar mais no dia seguinte, porém ele só conseguiu abater dez árvores. No terceiro dia, ele tentou mais ainda, porém só foi capaz de derrubar sete árvores. Dia após dia, ele estava derrubando cada vez menos árvores.

Eu devo estar perdendo a minha força, o lenhador pensou. Ele foi até o patrão e pediu desculpas, dizendo que não conseguia entender o que estava acontecendo.

— Quando foi à última vez que você afiou o seu machado? — o chefe perguntou.

— Perdão, chefe, não tive tempo para afiar o meu machado. Tenho estado muito ocupado tentando cortar as árvores...

(Autor desconhecido)

JT 51 (3º ao 5º ano)

- MATERIAL: Nenhum.
- ESPAÇO: Quadra, sala ou pequena área.
- ESQUEMA INICIAL: Formar uma roda com os participantes.
- DESENVOLVIMENTO: Cada participante deverá executar um exercício de alongamento seguindo o sentido horário ou anti-horário da roda. Caso erre ou não saiba um exercício, deverá dar uma volta correndo ao redor do círculo.
- VARIAÇÃO: O dinamizador deverá pedir um alongamento específico para determinada parte do corpo (por exemplo: perna ou braço).
- REFLEXÃO: Assim como o alongamento serve para "afiar" os músculos, como podemos "afiar" nosso cérebro?

52 – A MAIOR FRAQUEZA

Será que o que o título desta história pode ser uma verdade? Acho que sim. Tomemos, por exemplo, a história de um menino de dez anos que decidiu estudar judô, apesar do fato de ele ter perdido o braço esquerdo em um acidente de carro devastador.

O menino começou a ter aulas com um mestre de judô japonês já bastante velho. O rapaz estava indo bem, então não conseguia entender por que, após três meses de treinamento, o mestre havia lhe ensinado somente um movimento.

— Sensei — o menino disse, finalmente —, não devo aprender mais movimentos?

— Este é o único movimento que você sabe, mas este é o único movimento que você precisa saber — respondeu o *Sensei*.

Sem entender completamente, mas acreditando em seu mestre, o menino manteve a formação.

Vários meses depois, o *Sensei* levou o menino ao seu primeiro torneio. Surpreendendo-se, o menino ganhou facilmente suas duas primeiras disputas. A terceira provou ser mais difícil, mas, depois de algum tempo, o seu adversário ficou impaciente e o garoto habilmente usou seu movimento para ganhar a luta.

Ainda surpreso por seu sucesso, o menino estava, agora, nas finais.

Desta vez, seu adversário era maior, mais forte e mais experiente. Por um tempo, o rapaz parecia ter sido vencido. Preocupado que o menino pudesse se machucar, o árbitro chamou um intervalo. Ele estava prestes a parar o jogo quando o *Sensei* interveio.

— Não. — E insistiu: — Deixe que ele continue.

Logo em seguida, a luta recomeçou e seu adversário cometeu um erro crucial: deixou cair sua guarda. Imediatamente, o menino usou seu movimento para imobilizá-lo e ganhou a luta e o torneio. Ele foi o campeão.

No caminho para casa, o menino e o *Sensei* revisaram cada movimento de cada luta. Então, o menino teve a coragem de perguntar o que se passava realmente em sua mente.

— *Sensei*, como eu ganhei o torneio com somente um movimento?

— Você ganhou por duas razões — disse o *Sensei*. — Primeiro, você dominou um dos mais difíceis movimentos do judô. E, segundo: a única defesa conhecida para esse movimento que os seus oponentes tinham era agarrar seu braço esquerdo.

(Autor desconhecido)

JT 52 (3º ao 5º ano)

- MATERIAL: Aparelho de som.
- ESPAÇO: Quadra ou área ampla.
- ESQUEMA INICIAL: Organizar todos os participantes em fila.
- DESENVOLVIMENTO: Quando a música começar, a fila deverá se deslocar dançando. O primeiro da fila fará o papel do "Sensei" e determinará o movimento que

todos deverão executar. Ao comando de trocar, o primeiro da fila irá para o final e, assim, teremos um novo "Sensei".
- VARIAÇÃO: Toda vez que a música parar, o grupo ficará imóvel.
- REFLEXÃO: É importante conhecermos nossos pontos fortes e fracos? Por quê?

53 – O CACHORRO E O GATO

Todos os dias, bem de manhãzinha, o Sr. Cachorro ficava esperando o Sr. Gato passar. Quando ele aparecia, o Sr. Cachorro colocava o Sr. Gato para correr. O Sr. Gato não aguentava mais essa situação e se perguntava: "O que foi que eu fiz para que, todos os dias, esse pulguento corra atrás de mim?".

No dia seguinte, tomou coragem e fez a mesma pergunta ao Sr. Cachorro. O Sr. Cachorro, sorrindo, respondeu com outra pergunta:

— O senhor já se perguntou ou deu a oportunidade do Sr. Rato lhe perguntar por que, todos os dias, o senhor corre atrás dele?

(Odeniti[1])

JT 53 (1º e 2º ano)

- MATERIAL: Papel e lápis para cada equipe.
- ESPAÇO: Sala de aula ou área adaptada.

---

1. Professor do município do Rio de Janeiro.

- **ESQUEMA INICIAL:** Dividir o grupo em duas equipes. Definir qual grupo ficará com a palavra "cachorro" e qual será responsável pela palavra "gato". Distribuir uma folha e um lápis para cada equipe.
- **DESENVOLVIMENTO:** Determinar um tempo para cada equipe escrever o maior número de palavras que iniciem com as letras da palavra de cada animal. Depois, inverter as palavras de cada equipe.
- **VARIAÇÃO:** Escrever qualquer palavra que contenha, em seu interior, as letras das palavras de cada animal.
- **REFLEXÃO:** Que ensinamentos podemos tirar dessa história?

54 – A BRUXA BOA

Era uma vez uma bruxa que não era má. Ela só pensava em amar.

Na escola, suas irmãs só queriam aprender maldades. Já a bruxa boa queria fazer novas amizades.

Em casa, a bruxa brincava de ser princesa.

Mas as suas irmãs debochavam dizendo que ela não tinha beleza.

Certa vez, quando brincava com o seu patinete,

encontrou um menino que de tão agitado parecia uma marionete.

O menino não ficava parado, e parecia ser bem levado!

A bruxa boa gostou dele, achou o menino engraçado e, também, desengonçado.

A bruxa boa contou sobre a sua vida, e disse para o menino que sua história era comprida.

Todo dia a bruxa suspirava na janela esperando o menino lhe visitar e conversar com ela.

O menino ensinou muitas coisas para a bruxa, como: cantar, nadar, sorrir e sonhar.

As irmãs da bruxa boa não estavam gostando de ver o menino cada vez mais se aproximando.

Um feitiço elas lançaram sobre o menino, que ficou mais feio que um girino.

Todos os dias, na escola, o menino era zoado e vários apelidos lhe foram dados.

A bruxa boa não sabia como ajudar, mas com suas irmãs decidiu brigar.

Suas irmãs cometeram um erro, na verdade era para o menino se transformar em um bezerro.

Um tempo depois as irmãs se arrependeram e reconheceram...

A bruxa boa merecia saber a verdade e dessa maneira o segredo do feitiço foi revelado.

Para o feitiço acabar, um beijo sincero nele era preciso dar.
O menino ficou assustado!
Um beijo na bochecha lhe foi dado... Qual será o resultado?
O menino voltou ao normal e achou o beijo da amiga sensacional!
Algum tempo depois...
Uma banda eles formaram e muitas músicas eles cantaram...
Assim amigos se tornaram e famosos eles ficaram.

(Isabel Silva[2])

JT 54 (1º e 2º ano)

- MATERIAL: Pequenos papéis com "feitiços da bruxa" (por exemplo: Virar um sapo; Virar uma cobra; Virar um cantor; Virar um dançarino; um desenhista; roqueiro etc.).
- ESPAÇO: Pequeno.
- ESQUEMA INICIAL: Definir uma ordem para que cada participante retire um "feitiço da bruxa".
- DESENVOLVIMENTO: Cada participante do jogo deverá retirar um papel do feitiço da bruxa e executar a tarefa. Para cada tarefa concluída o participante ganhará dez pontos. Quem não quiser executar a tarefa, deverá passar a vez para outro participante.
- VARIAÇÃO: Quem executar um "feitiço da bruxa" deverá escolher quem será o próximo participante.
- REFLEXÃO: O que são boas ações?

2. Professora e coordenadora pedagógica do município do Rio de Janeiro.

Considerações finais

Neste trabalho teórico-prático, vimos a união de ferramentas didático-pedagógicas importantes, as quais podem ser muito úteis aos profissionais da área educacional. Analisando a "árvore genealógica" dessas ferramentas, ou melhor, o "casamento" dos Jogos Transversais com as histórias para reflexão, percebemos que esse casamento se iniciou com uma primeira união, que foi a dos jogos educacionais com os Temas Transversais, donde surgiram os Jogos Transversais. Estes cresceram e ainda estão amadurecendo, porém já resolveram se unir para formar a própria família, a qual gerou alguns frutos. Esperamos que essa união seja eterna e feliz, e que cada história para reflexão possa um dia ser exemplificada ou praticada com o auxílio de um jogo. E que esse jogo faça as crianças, ao se tornarem jovens e, depois, adultos, nunca se esquecerem da possibilidade de construir um mundo melhor.

Que tal mais uma pequena história para realizarmos nossa última reflexão?

O QUEBRA-CABEÇA

Era uma vez um cientista que vivia preocupado com os problemas do mundo e decidido a encontrar meios de melhorá-los. Passava dias e dias no seu laboratório à procura de respostas. Certa vez, o seu filho de sete anos invadiu o seu santuário querendo ajudá-lo. Como o cientista não queria ser interrompido, tentou fazer o filho ir brincar em vez de ficar ali, atrapalhando-o. O menino, por sua vez, era persistente, e o pai teve de arranjar uma maneira de entretê-lo no laboratório. Foi então que reparou num mapa-múndi que estava na página de uma revista.

Lembrou-se de cortar o mapa em vários pedaços e, depois, apresentou o desafio ao filho:

— Filho, você vai me ajudar a consertar o mundo! Aqui está o mundo todo partido. E você vai arrumá-lo para que ele fique bem outra vez! Quando você terminar me chame, ok?

O cientista estava convencido de que a criança levaria dias para resolver o quebra-cabeça que ele tinha construído. Mas surpreendentemente, poucas horas depois, já chamava por ele:

— Pai, pai, já fiz tudo. Consegui consertar o mundo!

O pai não queria acreditar, achava que era impossível um garotinho daquela idade ter conseguido montar o quebra-cabeça de uma imagem que ele nunca tinha visto antes. Por isso, apenas levantou os olhos dos seus cálculos para ver o trabalho do filho que, pensava ele, não era mais do que um disparate digno de uma criança daquela idade. Porém, quando viu o mapa completamente montado, sem nenhum erro, perguntou-lhe como ele tinha conseguido sem nunca ter visto um mapa-múndi anteriormente.

— Pai, eu não sabia como era o mundo, mas, quando você tirou o papel da revista para recortar, vi que do outro lado da página havia a figura de um homem. Quando você me deu o mundo para eu consertar, tentei, mas não consegui. Foi aí que me lembrei do homem; virei os pedaços de papel ao contrário e comecei a consertá-lo, cuja forma eu sabia como era. Quando terminei, virei a folha e percebi que tinha consertado o mundo.

(Autor desconhecido)

Não acreditamos que o homem precise de conserto, porém cremos na necessidade de evolução. Será que um dia conseguiremos desenvolver uma educação, na sua dimensão ético-moral, que possa contribuir para essa evolução? Nós esperamos que sim, pois estamos alcançando limites alarmantes de desrespeito, injustiça e desigualdade. Acreditemos que um mundo melhor é possível, desde que unamos nossos esforços para contribuir para a formação de nossos filhos, de nossos alunos e de qualquer cidadão que for possível. Podemos perceber, também, o quanto ainda estamos distantes do cidadão que idealizamos. Este é um processo de construção muito lento e que requer grande investimento pessoal. Não sabemos quanto tempo levará para que essas mudanças aconteçam, porém acreditamos que é algo a que vale apena nos dedicarmos, pois as crianças de hoje serão os adultos que ditarão os rumos do amanhã.

Referências

ABRAMOVICH, Fanny. *Literatura Infantil: gostosuras e bobices*. São Paulo: Scipione, 1997.

ARAÚJO, U. F. Apresentação à edição brasileira. In: BUSQUET, M.D. et. al. *Temas transversais em educação: base para uma formação integral*. Trad. Cláudia Shilling. São Paulo: Ática, ^{6}2003a. Apresentação, p. 9-17.

_____. *Temas Transversais e Estratégias de Projetos*. São Paulo: Moderna, ^{1}2003b.

BAPTISTA, I. *Ética e Educação: estatuto ético da relação educativa*. Universidade Portucalense, 1998.

_____. *Dar rosto ao futuro: a educação como compromisso ético*. Porto: Profedições, 2005.

BASTOS, Denis Mendes. *Jogos Transversais: educação, ética e cidadania*. São Paulo: Loyola, 2014.

BELINKY, Tatiana. *A bruxa boa dos livros infantis*. Disponível em: <http://educarparacrescer.abril.com.br/leitura/tatiana-belinky-543679.shtml>. Acesso em: 1º jan. 2013.

BRASIL. Ministério da Educação e do Desporto. *Parâmetros Curriculares Nacionais*. Brasília: Mec/Sef, 1997a, vols. 1 a 10.

_____. *Parâmetros Curriculares Nacionais: Temas Transversais, primeiro e segundo ciclos*. Brasília: Mec/Sef, 1997b.

_____. *Parâmetros Curriculares Nacionais: Temas Transversais, terceiro e quarto ciclos*. Brasília: Mec/Sef, 1998.

CABANAS, J. M. Q. Educación moral y valores. *Revista de Ciencias de la Educación*, n. 166, abr./jun. 1996.

CARVALHO, Bárbara Vasconcelos. *Compêndio de literatura infantil*. São Paulo: Instituto Brasileiro de Edições Pedagógicas, 1987.

CARVALHO, Maria Angélica F.; MENDONÇA, Rosa Helena (Orgs.). *Práticas de Leitura e Escrita*. Brasília: Ministério da Educação, 2006.

COELHO, Betty. *Contar histórias: uma arte sem idade*. São Paulo: Ática, ¹⁰2006.

COLL, César. *Psicologia e Currículo: uma aproximação psicopedagógica à elaboração do currículo escolar*. São Paulo: Ática, ⁵2000.

DARIDO, S. C.; RANGEL, I. C. A. *Educação física na escola: implicações para a prática pedagógica*. Rio de Janeiro: Guanabara Koogan, 2005.

ESTABEL, L. B.; MORO, E. L. S. *Bruxas, fadas, feiticeiras no imaginário infantil*. Coletânea Editora Paulinas. Porto Alegre: Paulinas, 2009.

GOULART, A. *Pequenas histórias, grandes lições*. Rio de Janeiro: Jovem, 2007.

LALANDE, A. *Vocabulário técnico e crítico da filosofia*. São Paulo: Martins Fontes, 1999.

LEPRE, Rita Melissa. Educação moral na escola: caminhos para a construção da cidadania. DOI: 10.5747/ch. 2005. v03. n1/h018. In: *Colloquium Humanarum*, 2006, p. 1-14.

MALLMANN, Michele de Carvalho. *A literatura infantil no processo educacional: despertando os valores morais*. Universidade Federal do Rio Grande do Sul, 2011. Disponível em: <http:/www.lume.ufrgs.br/bitstream/handle/10183/37538/000819868pdf?sequence=1>. Acesso em: 25 ago. 2013.

MATTOS, M. G.; ROSSETTO JÚNIOR, A. J.; BLECHER, S. *Teoria e Prática da Metodologia da Pesquisa em Educação Física: construindo sua monografia, artigo e projeto de ação*. São Paulo: Phorte, 2002.

MENIN, Maria Suzano de Stefano. Valores na escola. *Educação e Pesquisa* [on-line], v. 28, n. 1, 2002, p. 91-100. Disponível em: <http//www.scielo.br>. Acesso em: 10 mar. 2009.

OLIVEIRA, Áurea Maria de. Literatura infantil: o trabalho com o processo de construção de valores morais na educação infantil. *Educação: teoria e prática*, v. 16, n. 28, jan./jul. 2007, p. 101-121. Disponível em: <http://www.periodicos.rc.biblioteca.enesp.br/index.php/educacao/article/viewFile/765/697>. Acesso em: 13 jun. 2013.

Edições Loyola

editoração impressão acabamento
Rua 1822 nº 341 – Ipiranga
04216-000 São Paulo, SP
T 55 11 3385 8500/8501, 2063 4275
www.loyola.com.br